I0755855

Sarah Reichardt

•

Composing The Modern Subject

Four String Quartets by Dmitri Shostakovich

Ashgate

2008

Сара Райхардт

•

Сочиняя субъект современности

Четыре струнных квартета Дмитрия Шостаковича

Academic Studies Press

Библиороссика

Бостон / Санкт-Петербург

2025

УДК 78.071.1
ББК 85.313
Р18

Перевод с английского Артема Макояна

Серийное оформление и оформление обложки Ивана Граве

Райхардт, Сара.

Р18 Сочиняя субъект современности. Четыре струнных квартета Дмитрия Шостаковича / Сара Райхардт [пер. с англ. А. Макоян]. — СПб.: Academic Studies Press / Библиороссика, 2025. — 202 с. — (Серия «Современная западная русистика» = «Contemporary Western Rusistika»).

ISBN 979-8-897838-29-5 (Academic Studies Press)
ISBN 978-5-907918-74-0 (Библиороссика)

Книга Сары Райхардт «Сочиняя субъект современности. Четыре струнных квартета Дмитрия Шостаковича» представляет собой глубокое музыковедческое исследование квартетов № 6–9 композитора. Автор использует психоаналитическую теорию Жака Лакана, чтобы показать, как фрагментированный и деструктивный музыкальный язык этих произведений отражает состояние современной субъективности и психологическую глубину. Особое внимание в книге уделяется оригинальному герменевтическому подходу, который помогает понять неоднозначность, противоречивость и уникальную выразительность струнных квартетов Шостаковича, раскрывая их значимость для современного музыкального и философского дискурса.

УДК 78.071.1
ББК 85.313

ISBN 979-8-897838-29-5
ISBN 978-5-907918-74-0

Список рисунков

Список музыкальных примеров

Благодарности

Одна из основных тем этой книги — неспособность лингвистического дискурса в полной мере отразить наш жизненный опыт. Лингвистическая ограниченность становится еще очевиднее при попытке выразить благодарность другим за поддержку и содействие. Слова «благодарность» и «спасибо» кажутся неполноценными, но оперирую я именно ими и выражаю упомянутым далее людям неописуемую благодарность.

На протяжении многих лет я находилась под благословением невероятных наставников, без чьих напутствий я никогда не стала бы тем, кем являюсь сегодня. Многие люди оказывали мне неоценимую поддержку, поощрение и содействие; временами осознанно, но иногда и неосознанно — в длительный период работы над этой книгой. Не могу судить, заслуженно ли, но я изо всех сил старалась извлечь из этого пользу. Прежде всего я должна поблагодарить Джима Булера, который был и навсегда останется моим научным руководителем. Он продолжал быть моим наставником еще долгое время, даже после завершения официальных полномочий. Мне действительно повезло обрести столь отзывчивого и вдохновляющего руководителя. Патрик Мак-Крелесс прочитал несколько версий рукописи, и я глубоко благодарна ему за многие годы поддержки и помощи. Кроме комментариев ко многим главам Санна Педерсон на протяжении последних лет всячески поощряла мои усилия и оказывала бесценную дружескую поддержку; без нее я бы просто увязла в материале.

Помимо комментариев к различным версиям глав, от Джуди Кун я получила ценнейшую помощь в мире исследований, посвященных Шостаковичу. Я благодарна ей за поддержку, своевременные электронные письма и дружбу. Арман Амброзини прочитал несколько частей книги и с энтузиазмом поддерживал меня на протяжении всего этого интеллектуального путешествия. Майкл Кляйн всегда был готов прочесть черновики, подбодрить и ответить на бесчисленные вопросы, которые я отправляла практически без предупреждения. Еще более важно то, что его неизменное живое чувство юмора быстро исправляло любое искаженное представление о значимости музыкальной теории в моей жизни. Стив Бранс, Эндрю Делл'Антонио, Сьюзан Джексон, Кен Стивенсон и Майкл Ли — все в разное время — давали мне исключительно важные советы, а также ощутимую поддержку и неиссякаемые напутствия. Роб Димер собрал бо́льшую часть музыкальных примеров в этой книге, за что я перед ним в вечном долгу. Дженнифер Миллер Уокер и Джин Уиллет оказали мне незаменимую поддержку во время написания диссертации и в последующий период; без них я никогда бы не создала работу, достойную внимания.

Моя семья была рядом на протяжении многих лет моего упорного труда; пусть не всегда понимая то, что я делаю, они остаются моими самыми преданными сторонниками. Моя сестра Рэйчел Райхардт Сэйлор и мой брат Роберт Райхардт в течение года принимали участие в многочисленных продолжительных телефонных разговорах, и я с нетерпением жду еще тысячи таких же бесед в будущем.

Я благодарна Хайди Мэй и Рози Филлипс из издательства *Ashgate* за добросовестную подготовку этой книги к печати, за спокойствие и постоянную помощь.

Несмотря на все усилия перечисленных выше людей, в этой работе будут недостатки — и я целиком беру ответственность за все ошибки на себя.

Изначальная подготовка диссертации, которая в конечном счете привела к созданию книги, стала возможной благодаря стипендии Техасского университета — *A. D. Hutchison Student Endowment Fellowship*. Процессу доработки способствовал грант Университета Оклахомы — *Junior Faculty Research Grant*. Кроме того, я хотела бы поблагодарить Школу музыки и Колледж изящных искусств Университета Оклахомы за щедрое покрытие затрат по авторскому праву.

Огромная благодарность Рэйчел Сэйлор за портрет Шостаковича, использованный в оформлении обложки оригинала книги.

Я очень признательна журналам и сборникам, опубликовавшим ранние версии некоторых фрагментов этой книги:

Interdisciplinary Studies in Musicology / Ed. by M. Jablonski, M. Klein. Poznan: Poznan Society for Advancement of Arts and Sciences, 2005. Глава 2, «Конец, которому нет конца: каденции и завершение в Шестом струнном квартете Шостаковича»;

Ligaturen. Vol. 2 / Ed. by S. Weiss, M. Unseld. Hildesheim / New York: Olms, 2008. Глава 4, «Жизнь после Восьмого: выживание субъекта в Девятом струнном квартете».

Разрешения на публикацию

Обозначения

В этой книге для октавных обозначений музыкальных тонов используется принятая Американским акустическим обществом (*Acoustical Society of America*) система, в которой октавы нумеруются от низшей к высшей. В этой системе до первой октавы (до1) обозначается как C4. За всеми тонами, расположенным между C4 и си1, будет закреплена цифра 4 (соответственно, си1 — B4).

На октаву выше до1 находится C5, на октаву ниже — C3, и так далее.

Ссылки на партитуры струнных квартетов с Шестого по Девятый оформлены с использованием репетиционных номеров, причем число, следующее за репетиционным номером, означает количество тактов от первого такта репетиционного номера. Например, R. 3.1–2 представляет собой первый и второй такты репетиционного номера 3, где 3.1 — это такт, отмеченный репетиционным номером. При рассмотрении разделов целиком, в частности, на примерах, где приводится краткий обзор формы, в случае указания репетиционного номера раздел длится на протяжении всего репетиционного номера.

Вступление

Музыкальный замысел и аналитические инструменты

> Таким образом, задача [анализа] состоит не в том, чтобы описать произведение, <...> его задача, по сути, состоит в том, чтобы как можно яснее раскрыть *проблему* каждого конкретного произведения. «Анализировать» означает почти то же самое, что воспринимать произведение как *силовое поле*, организованное вокруг проблемы.
>
> *Теодор Адорно* [Adorno 1982: 181][1]

Цель данного исследования — сформировать приемлемые интерпретационные прочтения четырех квартетов Дмитрия Шостаковича, соблюдая баланс между герменевтической критикой и тщательным аналитическим изучением. Для достижения этой цели я буду сочетать стандартные аналитические методы с прочтением квартетов через призму западной герменевтической теории. Цель состоит в том, чтобы еще больше углубить наше понимание данной музыки и ее способности доносить смысл до самой разной аудитории, а также продемонстрировать жизнеспособность используемого типа аналитического/герменевтического дискурса. Хотя я использую широкий спектр концепций и идей из литературной критики, именно принадлежащая Жаку

---

[1] Курсив Адорно.

Лакану концепция Реального, подробно рассматриваемая в главе 1, обеспечивает основу для подхода в рамках критической теории. Различные ученые уже потрудились над совмещением анализа с интерпретированием, и эти прецеденты повлияли на дальнейшие изыскания. Тем не менее работы некоторых исследователей оказали особенное влияние на данную работу, поскольку акцентировали внимание на определении возможностей использования аналитических инструментов при формировании области для появления герменевтических идей.

Основополагающие работы Роберта Хаттена о смысле в сочинениях Бетховена заложили важную основу для понимания взаимосвязи музыкальной структуры и смысла [Hatten 1994; Hatten 2004]. В частности, концепция Хаттена о музыкальной выделенности, подробно рассмотренная в книге «Musical Meaning in Beethoven» («Музыкальный смысл в произведениях Бетховена»), представляет собой модель для распознания различий в музыке и соотнесения этих различий с музыкальным замыслом[2]. Выделенность предполагает «асимметричную оценку оппозиций» [Hatten 1994: 291]. Часто асимметричная оценка совпадает с неравномерностью уровня распределения; это означает, что выделенный термин встречается реже, чем невыделенный [Ibid.: 36]. Становясь выделенным, термин «определяет <...> информацию, которая не конкретизируется более общим невыделенным термином» [Ibid.: 34]. Основным примером музыкальной выделенности является использование минорного лада в эпоху классицизма, где минор чаще всего используется в качестве выражения трагизма, а мажорный лад имеет более обобщенный, нетрагический оттенок [Ibid.: 36–37]. Таким образом, антагонистические термины «мажор» и «минор» интерпретируются как соотносящиеся со значениями нетрагического и трагического. Мажорная/минорная оппозиция — это тип стилистической выделенности, возникающий в результате использования методов в рамках

---

[2] Полное рассмотрение выделенности в музыке см. в [Hatten 1994: 29–66]. Также Хаттен приводит на стр. 291–292 основополагающее определение выделенности. См. также [Hatten 2004: 8–16].

определенного стиля. В дополнение к стилистической выделенности Хаттен определяет выделенность, которая появляется во время композиционных процессов. Стратегическая выделенность осуществляется посредством расположения тем в произведении, то есть когда тема, мотив и т. д. каким-то образом выдвигаются на передний план [Ibid.: 112–132]. Стратегическая выделенность позволяет присвоить выделенность элементам, не выделенным стилистически. В работе Хаттена стратегическая выделенность тесно связана с видом музыкального материала (непериодический/периодический, стабильный/нестабильный) и его функциональным расположением в произведении. Хотя я не пользуюсь понятиями и принципами Хаттена с тем же уровнем тонкости (проводя различие между стилистической и стратегической выделенностью), разработанная им концепция выделенности очень важна для исследования данного типа.

Хаттен опирается на концепцию исторической компетенции как на руководство при интерпретациях. Убедительно используя его наработки, Майкл Кляйн указывает на трудности, возникающие при связывании интерпретации с исторической компетенцией, поскольку «при отсутствии исторической компетенции, которую Хаттен предлагает реконструировать, у его читателей не та историческая позиция, чтобы судить об этом интерпретационном путешествии» [Klein 2004: 28]. Кляйн утверждает, что «восстановление компетенции прошлого может быть попыткой гипостазировать интерпретацию» [Ibid.: 28–29]. Таким образом, цель Кляйна при интерпретации Баллады № 4 Шопена состоит не в том, чтобы попытаться восстановить то, как это произведение воспринималось во времена Шопена, а скорее в том, чтобы понять значение Баллады для нас сейчас. Точно так же я собираюсь использовать методы Хаттена — не для восстановления какой бы то ни было исторической компетенции в понимании Шостаковича, но для помощи в понимании того, как и что может значить музыка в эпоху, когда политический и социальный контекст кардинально изменился относительно времени ее создания. Музыка Шостаковича наполнена стилистическими отклонениями и насущными музыкальными идеями, которые, по сути, создают моменты музыкальной выделенности. Подобное выделение идей в музыке, приводящее, как правило, к разрывам в музыкальном дискурсе, может направить музыку в новое русло или привести к переоценке того, что происходило ранее. Это отмечает и Хаттен: «Часто именно своеобразие способствует герменевтическому пониманию выразительного значения музыкального события» [Hatten 1994: 133].

Общий подход Джеймса Хепокоски и Уоррена Дарси к сонатной теории обеспечивает эффективную модель определения и интерпретации структурных «деформаций» и все чаще используется при рассмотрении формальных сложностей музыки Шостаковича [Hepokoski, Darcy 2006][3]. Диалогическая интерпретация формы у Хепокоски и Дарси, в которой отдельная композиция сравнивается с тем, что является нормативным с точки зрения исторического стиля, представляет собой буквально дорожную карту для выявления и рассмотрения разрывов в формальных структурах Шостаковича. Таким образом, использование или злоупотребление формальными и гармоническими парадигмами, наряду с отклонениями от собственного стиля композитора, становятся моментами интерпретации. Изучая различные формы частей квартетов с точки зрения того, как они соотносятся, изменяют или опровергают ожидания, составленные на основе предыдущих произведений Шостаковича и традиций *учения о форме (Formenlehre)*, мы можем получить представление о том, как композитор способен изменять, расширять, искажать или создавать новые смыслы в произведении.

Кто-то может возразить, что применение аналитических средств, предназначенных для понимания тонально функционирующей музыки, является неправомерным при изучении музыки Шостаковича, поскольку его музыкальный язык довольно разнообразен в плане использования тональных, модальных, октатонических и, позднее, тонических структур. Тем не менее очевидно,

---

3 В недавних диссертациях Джудит Кун и Дэвид Кастро используют теории Хепокоски и Дарси применительно к формальным структурам у Шостаковича. См. [Kuhn 2005] и [Castro 2005].

что музыка Шостаковича основывается на композиционных техниках XVIII и XIX столетий; и хотя она не всегда соответствует определенности функциональной тональности, она ссылается на основные идеи тональной риторики, использует их и манипулирует ими, затрагивая как форму (от структуры фразы до структуры целой части), так и гармонию (тоники, модуляции, каденции и т. д.). Обращение к этим ключевыми аспектами тональной музыки открывает новые возможности для понимания герменевтических процессов в музыке Шостаковича.

Хотя на последующих страницах это ощущается не столь явно, присутствие Теодора Адорно в моем замысле имеет огромное значение. В определенной степени Адорно выступает в роли духовного наставника в отношении вида музыкального дискурса, предложенного в следующих главах, поскольку в основе этой работы лежит тезис Адорно о взаимосвязи разрывов в музыкальной форме со способностью художественного произведения критиковать общество. Хотя я не использую какие-либо конкретные аналитические инструменты Адорно (например, вариантную форму или прорыв), его убежденность в существовании, по выражению Джеймса Булера, «фундаментального нарушения качества всех произведений искусства, что является истиной» [Buhler 1996: 129], лежит в основе моей попытки выявить корреляции между расколами, присущими современной субъектности, и разрывами, обнаруженными в квартетах Шостаковича.

Область изысканий, связанных с Шостаковичем, — сплошное минное поле с точки зрения процессов интерпретации, и я приближаюсь к этому предмету с большой осторожностью. В своей книге «Определяя Россию музыкально» Ричард Тарускин красноречиво доказывает, что любое притязание на знание определенного смысла музыки Шостаковича (или музыки вообще) является попыткой овладения как музыкой, так и ее смыслом для манипулирования ими в собственных целях. Результат может серьезно подорвать значимость произведения искусства; по словам Тарускина, «цена определенности в сокращении — сокращении не только смысла, но интереса и ценности» [Taruskin 1997: 476]. Приводимые ниже интерпретации, по общему признанию, являются субъективными и не претендуют на окончательность. Я не хочу удерживать или, выражаясь словами Тарускина, сокращать ценность, как раз наоборот — мое исследование призвано расширить и открыть новые возможности для более глубокого и широкого понимания этой величественной музыки. Если побочным эффектом моих усилий станет порождение еще бо́льшей неоднозначности и противоречий, как утверждает Тарускин, я с радостью их приму.

Глава 1
Шостакович и субъект современности

Анализ — это нечто большее, чем просто факты, но являет он себя таковым лишь и исключительно благодаря выходу за рамки простых фактов... Это постижение образности посредством веры.

Теодор Адорно [Adorno 1982: 177]

Тональные структуры, которые мы зовем музыкой, имеют близкое логическое сходство с формами человеческих переживаний <...> вероятно, не просто с радостью и печалью, но именно с остротой того и другого, а также с грандиозностью и кратковременностью, преходящестью всего испытанного за жизнь.

Сьюзен Лангер [Langer 1953: 27]

Работа над проектом, который в итоге стал этой книгой, началась, казалось бы, с несложной задачи — проанализировать Седьмой струнный квартет Дмитрия Шостаковича. Это самый короткий из квартетов: он состоит из трех довольно непродолжительных частей и звучит примерно 12 минут. Анализировать данный квартет — одно удовольствие, поскольку это произведение чрезвычайной композиционной четкости, имеющее, по меткой характеристике Иана Макдональда, «структуру алмазной прочности» [MacDonald 1990: 221]. Кажется, что каждый раздел, такт и ноту можно растолковать аналитически. Тем не менее чем больше мы рассматриваем Седьмой квартет с точки зрения формы и звуковысотности, тем сильнее это произведение обнаруживает недостаточность нашего аналитического аппарата.

Чистая риторическая мощь этого хрупкого квартета сводит на нет любое удовлетворение, которое можно было бы получить от аналитической цельности восприятия. Разумеется, можно объяснить происхождение звуковысотного содержания мотива, который появляется при окончании II части и прерывает собой вступление III части, но это не способствует пониманию того, как и почему эти четыре ноты столь явным образом разрывают музыкальное произведение, погружая музыку в последующую неистовость. Кроме того, как воспринимать повторение заключительного материала I части в окончании III части? Короче говоря, Седьмой струнный квартет срывает покровы, призванные скрыть недостатки музыкально-аналитического подхода. Кажется, что музыка Шостаковича вновь и вновь обнажает недостаточность чисто структурных дискуссий. Можно сказать, что среди прочего эта музыка «свидетельствует»[1], показывает, как много мы теряем, пытаясь ограничить музыкальные рассуждения строго формальной областью.

Музыка Шостаковича заставляет нас обратить внимание на наставление Адорно о том, что, дабы воздать должное музыке и нам, слушающим ее, нужно не только цепляться за «аналитические факты», но и выходить за их рамки, поскольку только так мы сможем понять, как и почему эта музыка имеет столь сильное воздействие. Первым шагом, который обычно предпринимают исследователи, выходящие за пределы «аналитических фактов» в попытке постижения музыки, становится оценка исторического контекста, в котором произведение создавалось. В таком ключе Патрик Мак-Крелесс, воспользовавшись в качестве примера Первым струнным квартетом Шостаковича, призвал теоретиков быть готовыми «выйти за рамки структуры», поощряя «историческое восприятие, поскольку оно более тесно и образно связывает наше прослушивание с человеческим опытом» [McCreless 2000]. С самого начала музыка Шостаковича постоянно рассматривалась сквозь призму взаимосвязи с биографией композитора и историческим контекстом советского режима,

---

[1] Я вернусь к этой концепции в Эпилоге.

зачастую даже не опираясь на аналитическую базу, разработанную авторами вроде Мак-Крелесса. Те, кто следит за исследованиями Шостаковича с конца 1970-х, знают, что такой подход привел к множественным противоречиям и масштабной полемике[2]. Временами кажется, что в пылу перепалок затерялся тот факт, что у музыки Шостаковича имеется широкая аудитория верных слушателей, которая на данный момент выходит за пределы времени и места, в котором музыка создавалась. Есть множество поклонников музыки Шостаковича, не знакомых с историческим и культурным контекстом ее создания, и, естественно, не имеющих непосредственного представления о соответствующем опыте. (Этому факту мы должны, как напоминает Тарускин, «радоваться» [Taruskin 1997: 497].) Таким образом, возникают вопросы, почему музыка Шостаковича остается столь захватывающей не только для представителей советской культуры, но и для западной аудитории, находящейся вне этих культурных рамок и, что мы вынуждены признать, иногда даже не осведомленной о контексте сочинения или биографии композитора. Дэвид Фаннинг определил этот так: «В конечном счете музыка Шостаковича обращается к слушателям, которые никогда не слышали о сталинском Большом терроре или не читали “Свидетельство”» [Fanning 1995: 6]. Слова Фаннинга указывают на тот факт, что музыка Шостаковича имеет значимость вне социального контекста, в котором она создавалась, и что более широкая, даже западная, аудитория продолжает отождествлять себя с ней; разночтения по поводу идеологических пристрастий Шостаковича едва ли могут объяснить этот непрекращающийся отклик на его искусство. Скотт Бернхэм, говоря о Бетховене и его музы-

---

2 Конечно, я имею в виду полемику, разгоревшуюся после публикации Соломоном Волковым книги «Свидетельство. Воспоминания Дмитрия Шостаковича, записанные Соломоном Волковым» в переводе Антонины Буи (New York, 1979). В своей статье «Шостакович против Волкова: чье “Свидетельство”?» Лорел Фэй показывает, что «Свидетельство» — это не биография, за которую этот труд себя выдает. Вместе с новым эссе «Volkov’s Testimony reconsidered» Фэй переиздала этот материал в сборнике «A Shostakovich Casebook» (Ed. by Malcolm Hamrick Brown. Bloomington, 2004. P. 11–21, 22–66).

ке, отмечает: «Если бы эта музыка не очаровывала столь сильно, факты биографии вряд ли имели бы значение» [Burnham 1995: 16]. Есть множество композиторов, о чьей музыке мы не спорим, да и не слушаем ее. Именно после изначального увлечения творчеством Шостаковича многие из нас начинают задумываться о его жизни. Это не значит, что исторический контекст не является важным направлением научных исследований биографии Шостаковича и его музыки, однако это не то направление, в котором задумана данная работа. Биографические обстоятельства могут дать ценную информацию, но даже после изучения контекстуальных явлений музыка и ее способность передавать смысл широкому кругу слушателей остаются окутанными тайной. Я ни в коем случае не хочу, чтобы создалось впечатление, будто исторический контекст не имеет никакого значения, однако хотела бы предложить дополнительные (не альтернативные) и, на мой взгляд, не менее подходящие способы прочтения музыки.

Михаил Бахтин отмечал: «Смыслами я называю *ответы* на вопросы» [Бахтин 1979: 350]. В данном исследовании стремление распознать музыкальный замысел ведется с позиции двух вопросов, которые подступают к музыке с разных точек зрения, но приводят к одной цели. Первое: как понимать риторические и формальные разрывы, выявляемые в структуре произведений Шостаковича? Второе: как постичь то средоточие смысла, которое эта музыка передает широкой западной аудитории, находящейся вне границ культуры, в рамках которой эта музыка создавалась? Помимо поиска обоснованных ответов на эти вопросы, моя цель — разъяснить причины того глубокого влияния, которое музыка Шостаковича продолжает оказывать на западную аудиторию независимо от того, насколько хорошо слушатель знаком с историческим контекстом.

Лакановская триада и Реальное

Сложность понятия «смысл» в музыке в целом приводит к тому, что смысл никогда не может быть определен одним фиксированным способом, и это полностью относится к произведениям Шостаковича. В сущности, многозначность, коей наполнена музыка Шостаковича, будто бы наглядно демонстрирует этот аспект невозможности определения, что осознанно подчеркивает свойство музыки творить загадки. И все же музыка Шостаковича постоянно озвучивает своим слушателям что-то определенное; кажется, что эта музыка *действительно* что-то означает. Просто то, что в ней содержится, неизменно ускользает от попыток уловить какой-либо конкретный смысл. Музыка Шостаковича, наполненная собственной уникальной многозначностью, постоянно разрушается, обращается вспять, переворачивается с ног на голову и отрицает — иногда кажется, что напрямую высмеивает — любые попытки придать ей четкую интерпретацию. Демонстрируя невозможность определения, она особенно действенно подсвечивает проблему интерпретационного процесса. Тем не менее мы постоянно чувствуем необходимость попыток определить смысл. Одним словом, та непостижимая сущность, которую представляет собой смысл в музыке Шостаковича, последовательно сопротивляется лингвистическому дискурсу, в то же время, однако, неизменно запуская процесс интерпретации — кажется, будто музыка сама требует применения дискурсивных действий.

Идея непостижимой сущности, влияющей на дискурс, проясняется Лаканом посредством психоаналитической концепции Реального. Социальный теоретик Славой Жижек метафорически описал Реальное как «твердое ядро, противящееся символизации» [Жижек 1999: 163]. Если конкретизировать этот образ, то это пустой центр, вокруг которого конструируется реальность. Согласно теории Лакана, разрыв с Реальным происходит, когда субъект вступает в язык (когда язык становится средством согласованности существования). Этот разрыв создает непреодолимую пропасть между Реальным и реальностью. Реальность создается Символическим; это «то, что называется посредством языка, и, следовательно, может быть осмыслено и оговорено» [Fink 1995: 25]. Поскольку реальность конструируется посредством лингвистического дискурса, возникает значительный зазор из-за фундаментальной неспособности символического дискурса в полной мере отразить жизненный опыт. Эта брешь, или дыра, создается в центре сконструированной реальности — пространстве, где находится то, что не может быть символизировано. Твердое непроницаемое ядро, или Реальное, существует вне границ символизируемого; оно предшествует процессу символизации, а также является излишком этого процесса. Таким образом, Реальное — это то, что предшествует дискурсу и может остаться невыраженным в процессе символизации. Хотя Реальное не может проявиться как сущность в реальности (из-за того, что оно по определению не может быть помещено в символический порядок), его существование влияет на реальность субъекта, поскольку описанная выше брешь приводит к созданию травмирующих форм (напр. разрывов, симптомов, пятен, отложений). Эти травмирующие события приводят к искажениям в символической вселенной, нарушая беспрепятственное существование нашего дискурсивно созданного мира, демонстрируя его недостатки и в конечном счете выявляя его пустое ядро, пустоту или недостаточность, на которых зиждется реальность[3].

В дополнение к Реальному и Символическому, теория Лакана также включает область Воображаемого, которая возникает между Реальным и Символическим при формировании субъекта. Переход от Реального к Воображаемому является «трансформацией, которая происходит с субъектом, когда он наделяется образом»[4]. Область Воображаемого появляется после разрыва субъекта с Реальным, но прежде, чем оно полностью перейдет в Символическое, то есть до того, как субъект сможет структурировать мир посредством языка. Это царство образов, как сознательных, так и бессознательных. Находясь в области Воображаемого, ребенок не способен четко различать субъект и объект.

---

[3] Мое описание Реального взято в основном из книг Славоя Жижека «Глядя вкось» [Žižek 1992] и «Возвышенный объект идеологии» [Жижек 1999]. Также см. [Fink 1995]. Обзор того, как психоанализ Лакана использовался в критической теории, см. [Eagleton 1996: 142–160].

[4] Жак Лакан «Стадия зеркала и ее роль в формировании функции Я в том виде, в каком она предстает нам в психоаналитическом опыте» см. в [Lacan 1977: 2].

Лакан утверждает, что к области Воображаемого относится то, что он называл стадией зеркала в развитии ребенка[5]. Эта стадия возникает, когда ребенок смотрит в зеркало и ошибочно принимает возникающий там образ за самого себя, то есть когда субъект видит себя глазами Другого, по умолчанию материнскими[6] (так как для ребенка в этом качестве чаще всего выступает мать). На стадии зеркала ребенок начинает составлять целостный образ самого себя, поскольку в области Воображаемого субъект осознает, что вселенная не является непрерывным целым, но этот этап происходит до того, как субъект сможет сформулировать разницу между «я» и «ты». Состоящее из всего, что воспринимается или предстает перед внутренним взором, Воображаемое включает «иллюзорные сущности, последовательность которых является результатом своеобразной зеркальной игры — иными словами, они не имеют реального существования, но являются простым структурным эффектом» [Жижек 1999: 164].

Вопрос о том, вписывается ли музыка в схему, сформированную посредством Реального, Символического и Воображаемого, обсуждается постоянно, поскольку и свойства музыки, и то, как она действует в нашей сконструированной вселенной, позволяет рассматривать ее как представителя любой из этих трех категорий. В данном исследовании музыка рассматривается в области Символического[7]. Это подразумевает, что музыка сама по себе является символическим дискурсом, который — подобно языку, но, очевидно, не соотносясь напрямую с лингвистической моделью, — существует как попытка субъекта символизировать опыт. Таким образом, разрывы в музыкальном дискурсе расцениваются как формы травм, вызванных столкновением с Реальным.

---

5 См. «Стадия зеркала и ее роль в формировании функции Я в том виде, в каком она предстает нам в психоаналитическом опыте» (стр. 1–7) и [Eagleton 1996: 142–143].

6 В оригинале непереводимая игра слов — (m)Other, буквально «Другого-Матери». — *Примеч. пер.*

7 Джон Шепард и Питер Уик выступают за рассмотрение музыки в рамках символического порядка в своей книге «Музыка и теория культуры» [Shepherd, Wicke 1997].

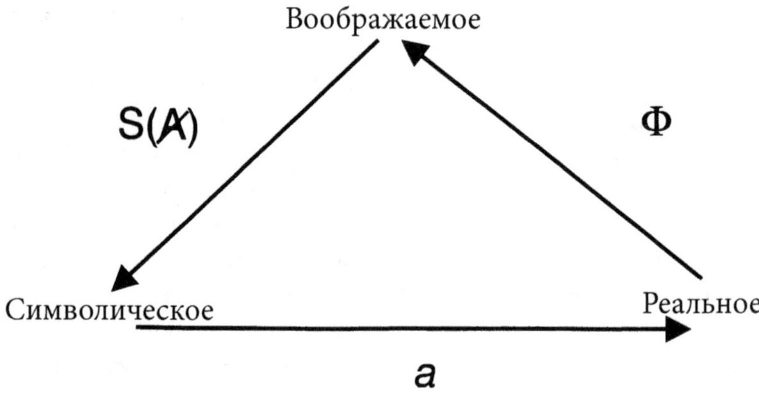

Рис. 1.1. Лакановская триада

Хотя Реальное существует вне символического дискурса и не поддается его определению, в этих деформациях оно приобретает форму именно в символическом дискурсе. По словам Жижека, «Реальное <...> содержится в самой символической форме [травматические возвраты]: Реальное *немедленно воплощается* в этой форме» [Žižek 1992: 39]. Поскольку Реальное никогда не может быть охвачено и выражено целиком посредством символизации, то именно через интерпретационное опосредование форм мы можем уловить проблески Реального, по которым в ретроспективе способны восстановить его остаточное изображение, или послеобраз. Подобно тому, как эти теории используются в литературной критике, мы, сосредоточившись на «симптоматических» событиях в музыкальном тексте, можем получить «метод доступа к “скрытому содержанию”» произведения [Eagleton 1996: 158].

Как уже отмечалось, травматические события, возникающие, когда символизация натыкается на скалу, имя которой Реальное, становятся чуждыми протуберанцами дискурсивно опосредованной реальности. Все эти травматические формы происходят из сконструированной вселенной; как утверждает Жижек, Реальное «должно казаться найденным, а не созданным» [Žižek 1992: 32].

В музыке разрывы возникают, когда музыкальный объект (мотив, звуковысотный ряд, тональность, формальный разлом, музыкальные обозначения и т. д.) внутри произведения посредством своеобразного отклонения выделяется и приобретает повышенное значение. При столкновении Реального с дискурсом возникают три типа объектов, представленные Лаканом (и Жижеком) в виде *a*, Φ и S (Ⱥ), которые являются Реальным, облеченным в травматическую форму [Lacan 1999: 93–95; Žižek 1989: 182–185; Žižek 1992: 133–136]. Тип создаваемого объекта зависит от того, где проявление Реального возникает внутри взаимоотношений между Воображаемым, Символическим и Реальным. Эти отношения отражены лакановской триадой, показанной на рис. 1, где S(Ⱥ) представляет собой символизацию Воображаемого; Φ — материализацию отсутствующего; и *a* — как отсутствие или пустое место, остающееся от Реального, которое приводит в движение процесс интерпретации[8].

Точнее говоря, объект, символизируемый *a*, также называемый *objet petit a*[9], — это остаток, осадок от процесса символизации. Он представляет собой утрату, возникающую при отделении субъекта от Реального; он становится заменой Реального, когда происходит переход от Реального к Символическому. Брюс Финк описывает *objet petit a* как «причину, которая нарушает нормальное функционирование структур, систем и аксиоматических полей, приводя к различным апориям, парадоксам и головоломкам» [Fink 1995: 13]. Обозначая то, что осталось несимволизируемым, *objet petit a* фактически приводит в действие механизм интерпретации. Концепт *objet petit a* используется Жижеком при рассмотрении роли пьесы «Сфинксы» в сочинении Шумана «Карнавал». «Сфинксы» — девятая из 21 части этого произведения, имеющего подзаголовок «Миниатюрные сцены на 4 нотах». «Сфинксы» — часть, которую исполнителю предписывается *не*

---

8 Схему «Лакановская триада» можно найти в [Жижек 1999: 186; Žižek 1992: 135; Žižek 1997: 175; Lacan 1999: 90].

9 Под этим выражением подразумевается недостижимый объект желания; на непереводимости этого термина настаивал сам Лакан. — *Прим. пер.*

исполнять, — содержит, без какой-либо гармонии и ритма, ряд четырех нот, упомянутых в подзаголовке. И «Карнавал» по большей части составлен из этих же звуковысотных ступеней. Жижеку эта часть произведения представляется «отсутствующей, невозможно-Реальной точкой отсчета» [Žižek 1997: 207]. Она представляет собой излишек, выделяющийся из области Символического музыкальных произведений; это полое ядро, вокруг которого строится произведение. (Также это головоломка, постоянно побуждающая ученых и исполнителей к интерпретационным действиям.)

S(A̸) — это объект, циркулирующий между Символическим и Воображаемым. В реальности он принимает форму обычного объекта (к примеру, клавиши, тональности или каденции), который представляет малую составляющую Реального. Иными словами, то, что обычно является невыделенным, обыкновенным объектом, становится выделенным, приобретая при этом новое значение. В качестве малой составляющей Реального объект символизирует бессодержательность Символического порядка — то, что символическая структура организуется вокруг присущей ей невозможности. Жижек приводит в пример зажигалку в фильме Хичкока «Незнакомцы в поезде» — обычный объект, который наделяется гораздо бóльшим значением во взаимоотношениях Бруно и Гая [Жижек 1999: 185]. Музыкальный эквивалент подобного объекта может возникнуть от необычной повторяемости или странного расположения традиционной фигуры в произведении (своего рода стратегическая выделенность). Когда материал становится означающим малой части Реального, выделенность материала создает разрыв в музыкальном дискурсе, и то, что обычно не вызывает интереса, начинает требовать внимания и изучения. Это необычное явление — разрыв — возникает, когда музыкальный субъект предпринимает попытку заполнить брешь, скрыть дыру, образовавшуюся в результате отделения от Реального.

Третий объект, Ф, формируется, когда воображение пытается объективировать Реальное. При этом субъект становится одержимым до такой степени, что объект начинает подавлять своим присутствием, которое не может быть полностью интегрировано в сконструированную реальность, — он становится материализацией отсутствия Реального. Пример данного объекта Жижек находит в фильме Альфреда Хичкока «Птицы». В нем «массовое присутствие птиц целиком отодвигает на задний план семейную драму» в сюжете [Žižek 1992: 105]. Аналогичным образом, если конкретный музыкальный мотив начинает доминировать в произведении в ущерб другим музыкальным идеям, то он приобретает форму Ф.

Использование концепта «Реальное» не является новым инструментом понимания музыки; Жижек сам постоянно рассуждает о музыке, хотя его работа, как правило, сосредоточена на музыке текстуальной, а не на проблемах, возникающих внутри музыкальной структуры. Однако прецедент, созданный Лоуренсом Крамером, имеет большое значение, поскольку в значительном количестве его работ используются идеи, почерпнутые из психоаналитической теории в качестве основ понимания музыкального смысла. В частности, в трилогии Крамера о музыкальной герменевтике отношение музыки к Реальному в широком смысле фигурирует как основополагающая концепция, используемая при интерпретации музыки[10]. Крамер уже давно выступает за такое понимание музыки, где нужно не знать то, что она «говорит», но воспринимать ее «с точки зрения того, как она моделирует символизацию опыта» [Kramer 2001: 7]. Взаимосвязи, обнаруженные в музыке, могут толковаться как отражения схожих отношений, обнаруженных в интерпретационном контексте[11]. Цель этих трех книг Крамера — разъяснить, как музыкальный смысл создается посредством «взаимосвязи музыкального опыта и его контекстов» [Ibid.: 8] в произведениях, время создания

---

[10] Три книги Крамера, на которые я ссылаюсь, — это «Музыка и культурная практика» [Kramer 1990], «Классическая музыка и постмодернистское знание» [Kramer 1995] и «Значение музыки: к теории критики» [Kramer 2001].

[11] Крамер использовал концепции Лакана при рассмотрении произведений Шостаковича в той же мере, в какой его интерпретация Восьмого струнного квартета, к которой я обращаюсь в главе 4, косвенно опирается на концепцию Реального. См. [Kramer 2001: 232–241].

которых охватывает несколько столетий и в которых пересекаются многие жанры. Таким образом, его работа — образец широкого применения основных интерпретационных свойств концепта «Реальное». Данное же исследование, с другой стороны, лучше описать как исследование тематическое — а именно, подробнейший анализ нескольких произведений одного жанра и одного композитора с использованием специфических объектов (*a*, Ф и S(Ⱥ)) в качестве точных интерпретационных инструментов в попытке создать целесообразные интерпретации каждого сочинения по отдельности и группы произведений как единого целого.

Эпический цикл

Характеризуемые Лаканом как «тайна говорящего тела» [Lacan 1999: 131], столкновения с Реальным можно рассматривать в качестве силы, образующей в музыке Шостаковича непостижимую сущность, ускользающую от какого-либо дискурса. Долгое время считалось, что произведения этого автора полны патологических высказываний и музыкальных загадок, требующих разгадывания. Пол Гриффитс отмечает:

> ...существуют трудности интерпретационного характера. Музыкальная трагедия Шостаковича <...> должна была обладать определенным стилем, сразу же узнаваемым, но не вызывающим полного доверия. Сами элементы этого стиля <...> несут в себе ощущение мнимости, отчужденности или иронии, и поэтому над всеми его произведениями неизбежно нависает некая сбивающая с толку тень [Griffiths 1983: 213–214].

Ларс Элльстрем пишет, что, «очевидно, в музыке Шостаковича есть части, не очень хорошо согласующиеся с общепринятыми представлениями о музыкальном произведении» [Elleström 1996: 205], и что музыка Шостаковича представляет собой критическую дилемму, поскольку в ней «резко отличающиеся друг от друга настроения выражают разрыв согласованности целого» [Ibid.:

206]. Эрик Роузберри отметил, что временами кажется, будто музыка Шостаковича отсылает к «“объекту”, который находится как бы за пределами субъективной реальности самого произведения» [Roseberry 1989: 378]. В данном контексте это описание можно истолковать как рассмотрение Реального; вместо этого Роузберри испытывает «искушение» воспользоваться кантианским концептом «вещь в себе» как герменевтическим инструментом [Ibid.]. Отсылка к Канту возникает в рассуждении тогда, когда Роузберри пытается дать описание специфическому аспекту композиционного стиля Шостаковича — неизменным повторениям. И все же, вероятно, обращение Роузберри к Канту, как и мое к Лакану, является признанием той же изначальной загадочности, описанной у Гриффитса и Элльстрема.

Таким образом, в произведениях Шостаковича обнаруживаются дезориентирующие тени и разрывы. Хотя все его струнные квартеты имеют в себе то, что можно было бы интерпретировать как последствия соприкосновения с Реальным, я остановлюсь конкретно на четырех из них. В частности, я представлю интерпретации струнных квартетов с Шестого по Девятый сквозь призму критической теории, вдохновленной Лаканом и Жижеком, в которой основными являются концепция Реального и последствия кардинального разрыва Реального с реальностью (символической вселенной субъекта). Хотя психоаналитические концепции, подобные тем, что были разработаны Лаканом, обычно используются в качестве средств анализа произведений культуры с точки зрения гендерных конструктов и сексуальности, я придерживаюсь иного курса. Меня интересует негласно десексуализированная современная субъектность (которая отражает отстраненность, порожденную отчуждением современности) и то, как патологии этого десексуализированного субъекта отражены в музыке Шостаковича.

Как отмечалось ранее, я буду рассматривать квартеты так, словно они представляют собой реальности, сконструированные субъектом современности. Подходя к этим квартетам так, будто они воплощают характеристики субъекта современности и сконструированную этим субъектом реальность, можно проанализировать обнаруженные в музыке патологические высказывания в качестве симптоматичных в рамках этих вселенных[12]. Интерпретационный подход к разрывам как к визуализации Реального с помощью психоаналитической теории обеспечивает основу для деконструкции волнений и нарушений, проливая свет на процессы, посредством которых они были созданы, что позволит критически их интерпретировать и обнаружить методы выявления психологического содержания. Лакановская взаимосвязь между Реальным и Символическим, используемая Жижеком в его работах по критической теории, дает уникальное средство для исследования разрывов в музыке Шостаковича, которое объясняет, как она в самой цельности соотносится с патологиями субъекта современности. Другими словами, в музыке Шостаковича слушатели находят выражение собственных тревог, а неопределенности в музыке позволяют слушателям таким образом переосмыслить акт означающего, чтобы он отражал их восприятие бытия.

Хотя и кажется, что все струнные квартеты Шостаковича обладают своего рода «дефектностью», Шестой, Седьмой и Восьмой квартеты могут интерпретироваться как проявления Реального, которое создает один из трех объектов (*a*, Φ и S(Ⱥ)), формирующих лакановскую триаду. В Шестом квартете, рассмотренном в главе 2, стилизованно традиционный каденциональный жест символизирует маленькую частичку Реального (S(Ⱥ)). Первоначально каденция присоединяется к I части как средство достижения ее структурного завершения после того, как она достигает синтаксической законченности, но не структурного окончания. Тем не менее каденция не интегрируется в музыкальный дискурс части; она стоит особняком как физически, так и синтаксически. Такое отсутствие интеграции приводит к тому, что традиционно невыделенный каденциальный материал становится выделенным; каденция указывает на произвольность ее использования в ка-

---

12 Я использую формулировку «субъект современности», чтобы отразить обобщенную (хотя и западную) субъектность, где советский субъект является меньшей подгруппой более крупной коллективности.

честве формирования окончания. Ее постоянное возвращение в окончании каждой из частей создает жуткое ощущение постоянного присутствия; столь устойчивая повторяемость демонстрирует пустоту, стоящую за использованием каденции как символа завершения, и, как следствие, произвольность сконструированной реальности в целом. В этой главе я опираюсь на различные эпистемы человеческого познания, сформулированные Мишелем Фуко, чтобы показать, как три первые части произведения стремятся избежать разрывов от возвращения Реального (воплощенного в каденции). Несмотря на признание произвольности каденциальной фигуры, в финальной части уже не удается избежать разрыва; вместо этого каденция интегрируется в реальность, но без каких-либо попыток сглаживания неопределенностей, вызванных проявлением Реального в каденции. Таким образом, финальная часть, пытаясь интегрировать каденцию, в определенной степени признает бессмысленность, на которой строится реальность.

В Седьмом струнном квартете, о котором говорится в главе 3, возвращение коды из I части при окончании III (финальной) части поднимает вопросы о мотивировках, лежащих в основе повторного буквального изложения такого большого объема материала произведения и, на более общем уровне, роли коды в музыкальных произведениях. Используя идею Жака Деррида о восполнении, я исследую различные ответвления коды как того, что используется для завершения уже завершенного. Если Деррида прав в том, что восполнение — это обозначение смерти, то становится возможным интерпретировать эти две коды в терминах смерти. И все же — почему две смерти? Почему квартету нужно умирать дважды? Концепция двух смертей — это культурный троп, глубоко укорененный в современной субъективности: одна смерть является буквальной (нечто перестает существовать), а другая символической (похоронные обряды или соборование). Если ни одна из этих смертей не происходит «надлежащим образом», создается брешь, пространство между двумя смертями. В этой бреши Реальное предстает в виде живого мертвеца (*objet petit a*), движимого «чистым влечением», требующим уплаты символической задолженности[13]. Я утверждаю, что в Седьмом квартете *objet petit a* появляется в окончании II части (похоронный обряд) в виде сета [0134] — звуковысотного ряда, сигнализирующего о том, что из-за двух смертей что-то пошло не так. Брешь, пространство между двумя смертями раскрывается в III части, где яростная фуга олицетворяет извержение «чистого влечения». Как только фуга отдает символический долг, чистое влечение быстро рассеивается, и постлюдия функционально превращается в похоронный обряд, сокращающий брешь между двумя смертями. Возвращение коды в финале заключительной части довершает цикл возвращений, выявленный в этом произведении.

В главе 4 речь пойдет о Восьмом струнном квартете, где я утверждаю, что тетрахорд [0134] — абстрактный звуковысотный ряд, или сет, из Седьмого квартета — становится именем собственным (именем композитора) в виде мотива DSCH, отсылающего к первым буквам в имени и фамилии Шостаковича[14]. Этот квартет, наполненный фантомами музыкальных произведений прошлого, превращает этот мотив как имя собственное в повсеместную сущность, в конечном счете исключающую все остальное. В результате финальная часть полностью состоит из фуги на мотив DSCH, поскольку цитаты, наполняющие предыдущие части, исключаются из сформированной реальности музыки. Как объективизация Реального (Ф), имя собственное не может полностью интегрироваться в музыкальный дискурс; вместо этого оно массово присутствует, чем выделяется и подавляет весь дискурс. Как означающее того, чего на самом деле нет, мотив предстает пустым и лишенным значения. И все же, эта

---

[13] Репрезентация «символической задолженности» в музыке обсуждается Крамером при рассмотрении Шестого струнного квартета Бартока, см. [Kramer 2001: 231–232], и Восьмого струнного квартета Шостаковича, см. [Ibid.: 232–241].

[14] Мотив DSCH представляет собой имя композитора, зашифрованное путем использования немецкого музыкального алфавита (где S — это ми-бемоль, H — это си-бекар) и немецкой транслитерации имени композитора — Dmitri Schostakowitsch.

материализация отсутствия — единственное, что действительно существует и являет собой сущность, в конечном итоге подтверждающую автономность квартета.

Символические формы, представляющие столкновение с Реальным с Шестого по Восьмой струнные квартеты, связаны между собой звуковысотным материалом, создаваемым мотивом DSCH. Этот мотив сам по себе является разрывом в Восьмом квартете, его звуковысотность в вертикальной форме появляется в постоянно повторяющейся каденции Шестого квартета, а разрыв в Седьмом квартете является производным от звуковысотного ряда (сета) этого мотива. В дополнение к связи между высотой звука или звуковысотным содержанием с каждым последующим квартетом усиливается травматическая значительность возвращения Реального. Кульминацией этого процесса является подавляющее наличие, объективация Реального (Ф) в Восьмом квартете. Если рассматривать три квартета как единый цикл, то они образуют катастрофическую траекторию все более тревожащих разрывов в музыкальном дискурсе, которые достигают апогея с практически полным распадом музыкальной вселенной в финальной части Восьмого квартета.

В главе 5 рассматривается данное усиление патологичности разрывов Реального, изложенных в квартетах с Шестого по Восьмой, и то, как повествовательная траектория приобретает форму апокалиптической эпопеи. Абсолютная завершенность этой траектории усиливается постоянным возвращением заключительного материала в каждом квартете, начиная с простой каденции (Шестой струнный квартет), переходя к коде (Седьмой струнный квартет), а затем к значительной доле целой части (Восьмой струнный квартет). Таким образом, количество повторяемого материала увеличивается с каждым квартетом, а сам этот материал является единственным функциональным завершением каждого отдельного квартета. Очерченная таким образом траектория практически не оставляет места для продолжения повествования посредством дополнительных квартетов, а выход за границы, определенные Восьмым квартетом, ставит вопрос о возможности продолжения после наступления Апокалипсиса.

Таким образом, Девятый струнный квартет избирает иной путь. В этой главе я использую разъяснения Бахтина об эпосе и романе, дабы доказать, что Девятый квартет не следует по эпической траектории предыдущих сочинений, вместо этого разворачиваясь в романной форме. Следуя форме того, что все еще сочиняется, Девятый квартет интегрирует возвращение Реального к реальности более конструктивным образом — таким, который не ведет к апокалиптической пропасти.

Прочтение неопределенностей, заложенных в струнных квартетах, через призму Реального раскрывает произвольное и случайное состояние сконструированной вселенной музыкального субъекта. Интерпретируя эти разрывы с помощью психоаналитических концепций Лакана, я показываю, что патологии, выявленные в струнных квартетах, свойственны субъекту современности, поскольку музыкальный субъект Шостаковича изобилует разрывами, пятнами и протуберанцами — музыкальными загадками, которые прямо указывают на напряженность и противоречия в основании современной субъектности. Слушая его музыку, мы распознаем в музыкальном дискурсе отражение патологий современного существования. В конечном счете я утверждаю, что музыка обладает свои значением из-за способности облекать в форму необъяснимые разрывы современного человеческого опыта.

Глава 2
Конец, которому нет конца
Каденции и завершение в Шестом струнном квартете, op. 101 (1956)

Господь создал все из ничего. Но исходный материал просвечивает.

Поль Валери[1]

Относительно оптимистичный риторический характер Шестого струнного квартета и использование традиционной четырехчастной формы часто заставляют исследователей рассматривать это произведение как «отступление», апеллируя, вероятно, к более раннему периоду, с виду более простому и невинному. Например, Майкл Тэлбот утверждает, что Шестой квартет «дает восстановиться от суровости Пятого квартета» [Talbot 2001: 215], а Эрик Роузберри характеризует его как «безупречно классический» [Roseberry 1989: 248]. Помимо того, что Шестой квартет написан в более легком, искристом стиле, у него есть еще одна особенность, которая заметна сразу, при первом же прослушивании, — каденция, которая возвращается в окончании каждой части. Впервые она появляется в конце вступительной фразы сочинения. Пример 2.1 демонстрирует в начале части «заикание» четвертями при бурдоне[2] , достигающем ровного и постоянного

---

1 Цит. по: [Epstein 1999: 46].

2 Автор использует термин *drone*, означающий то же, что и более академический термин «бурдон»: непрерывно тянущийся тон или интервал, на фоне которого разворачивается мелодия. — *Прим. пер.*

Allegretto ♩= 112
Экспозиция
1 Разработка
Каденция
2

Пример 2.1. Квартет № 6, I часть, область основной темы (P)

ритма в R 0.5. В следующем такте параллельно вступают скрипки мелодией в терцию, после чего впервые появляется виолончель с эпизодической поддержкой тоническим трезвучием в басу. В R 0.11–R 1.1, когда окончание первой мелодической фразы совпадает с началом второй, виолончель вступает с мотивом, включающим ход от F2 (фа большой октавы) к A♭2 (ля-бемоль большой октавы), а затем к E♭3 (ми-бемоль малой октавы), прежде чем вновь сойти на D2 (ре большой октавы), которое после двухтактной задержки, во время которой скрипки начинают побочную фразу, запоздало разрешается в тонику, G2 (соль большой октавы), образуя тем самым первую каденцию в тонике произведения. Джудит Кун описывает это колеблющееся разрешение каденции как «несбалансированное, в остроумном гайдновском духе» [Kuhn 2005: 401][3].

В Примере 2.2 показана та же каденциальная фигура, возвращающаяся *в окончании* части, которой здесь предшествуют три такта тоники в трех протянутых повторяющихся нотах. Дэвид Фаннинг отмечает, что в высшей точке каденции в виолончели все четыре инструмента объединяются, образуя вертикализированный звуковысотный ряд (сет) [0134] с использованием звуковых высот мотива DSCH [Fanning 2004: 40–41]. Являясь начальной каденцией части, этот каденциальный мотив ожидаем и в окончании, но здесь он приобретает тревожный оттенок, так как на протяжении всего произведения эта фигура возвращается при завершении *всех* частей. По мнению Роузберри, «Шостакович как будто воплощает классицистический “идеал” завершения всех частей одним и тем же жестом» [Roseberry 1989: 311]. Однако этот «идеал» обладает неестественным, явно неклассицистическим качеством из-за постоянного, даже неминуемого возвращения. Хотя многие исследователи уже отмечали постоянное возвращение каденциальной фигуры в окончании каждой части, был упущен тот факт, что она неизменно связана с жестом из трех повторяющихся аккордов. Более того, сомнительно, что каденциальная фигура, этот «классицистический идеал», способна дать завершенность, которая соответствует предшествующему ей музыкальному дискурсу. В конце I части трижды повторенный жест с тоническим трезвучием придает произведению риторическое ощущение завершения, однако структурная завершенность, в ее привычном понимании, не достигается повторением нот из-за продолжающегося использования в верхнем голосе 5Ш[4]. Неполноценная из-за

---

3 Шестой струнный квартет подробно рассмотрен и мной, и Кун. Глава из книги Кун о Шестом квартете, по ее же словам, вступает «в диалог» с главой о Шестом квартете из моей диссертации. Данная глава продолжает этот диалог, так как я отвечаю на вдумчивую критику Кун. Ее исследование истории восприятия произведения вкупе с тщательным анализом обязательно к прочтению всем интересующимся Шестым струнным квартетом. См. [Kuhn 2005: 370–443].

4 Указание ступеней по теории Шенкера. В тексте оригинала ступени обозначены знаком ^ над цифрой соответствующей ступени. — *Прим. пер.*

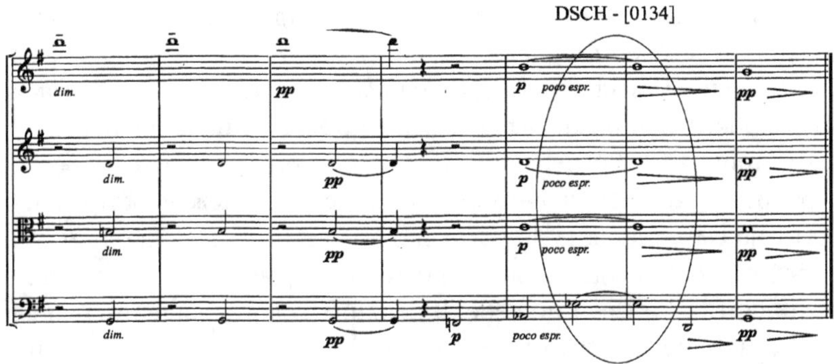

Пример 2.2. Квартет № 6, I часть, финальные такты

отсутствия структурной завершенности, каденциальная фигура будто бы прививается окончанию части, обеспечивая синтаксическую завершенность, в которой используется гармоническое движение к тонике и имеется 1Ш в самом верхнем голосе.

Говоря, что каденция «прививается» завершению части, я ссылаюсь на концепцию Жака Деррида о текстуальной прививке[5]. Если говорить кратко, прививание — это включение одного дискурса в другой. В Шестом квартете прививка происходит на пустом месте, образованном отсутствием структурной завершенности анапестового жеста, где каденциальная фигура добавляется как означающее синтаксического завершения [Derrida 1984: 356; Деррида 2007]. Иными словами, в этой части используется более привычный прием формулирования окончания, которое не может организоваться самостоятельно. Роберт Хаттен описал традиционный каденциальный материал как настолько обобщенный, что он «оказывается невыделенным *par excellence*» [Hatten 1994: 118][6]. Тем не менее то, что у Хаттена при анализе музыки

[5] О концепте прививки и прививания см. [Culler 1982: 134–156].

[6] Хаттен подразумевает, что классический [классицистистский] музыкальный материал обладает тремя формальными функциями: тематической/представляющей, переходной/разработочной и каденциальной/завершающей.

классицизма является итоговым в невыделенном материале, становится особо выделенным в Шестом квартете ввиду его предполагаемой способности подлежать обмену между частями или произведениями. Такая выделенность возникает по нескольким причинам. Во-первых, каденция, хотя и относится к более традиционному заключительному материалу, нежели к предшествующему анапесту, не соответствует норме, поскольку ни предоминантовая, ни доминантовая гармонии не являются стандартными сами по себе. В верхних голосах каденциальная фигура разрешается от диссонантного трезвучия (до — ре — си), подразумевающего доминантсептаккорд с добавленной секстой, в тоническое трезвучие. Тем временем виолончель очерчивает пять высот звука, из которых вторая и третья образуют предоминанту с уклоном в неаполитанскую гармонию (от фа к ля-бемоль, а затем к ми-бемоль), которая переходит к доминанте (ре) прежде, чем перейти в тонику вместе с тремя верхними голосами. Таким образом, верхние голоса и виолончель гармонично взаимодействуют только в заключительном ходе от доминанты к тонике, и, хотя общее гармоническое движение довольно традиционно, сами гармонии таковыми не являются. Во-вторых, каденциальная фигура становится выделенной потому, что, как обсуждалось ранее, она не интегрируется в музыкальный процесс, поскольку стоит особняком относительно предшествующей музыки как буквально, так и риторически (физически из-за того, что анапест и каденцию разделяют остальные эпизоды, а синтаксически — из-за искажения привычных условностей и резких изменений в музыкальной риторике). Таким образом, физическая разъединенность каденции и остального массива произведения усиливает риторическое разделение музыкальных дискурсов. Наконец, в процессе развития произведения каденция выделяется, вопреки описанию Хаттена, *поскольку* переходит из части

Переходный материал стилистически выделяется из-за непериодичности, непостоянства и характерности (в силу своей сложности). Тематический материал выделен с особой ясностью. Каденциальный материал не выделяется вовсе, так как обладает стабильной периодичностью и тональностью и состоит из привычного материала. См. [Hatten 1994: 115–117].

в часть. Если рассматривать финальную каденцию I части как эквивалент текстуальной прививки, то выделенность каденции при окончании I части Шестого квартета предполагает, что прививка не возымела действия. Отсылая к иному музыкальному времени и выделяясь из предшествующей музыкальной ткани, этот фрагмент кажется добавленным уже постфактум и отторгнутым тем текстом, в который он был помещен.

Кризис завершения

Четыре года спустя после появления этого квартета Теодор Адорно выделил проблему завершения в современной музыке, заявив, что в отношении музыки Малера «завершение здесь значит то, что не завершать уже невозможно» [Adorno 1992: 138]. I часть Шестого квартета представляет собой интригующий пример такого положения. Три повторяющихся аккорда, которые отсылают, вероятно, к ритмическим жестам анапеста, использованы во вступительной теме и создают ощущение завершенности, но не могут привести часть к структурному окончанию. Однако вместо того, чтобы принять «конец, которому нет конца», музыка обращается к более привычному использованию музыкального материала для обеспечения завершенности. Стилизованная под традиционную каденциальная фигура соответствует тому, что Кофи Агаву называет «синтаксическим обязательством завершения» [Agawu 1991: 69], но все еще не способна убедить риторически. Становясь выделенной, она отражает кризис в музыкальном дискурсе, поскольку теперь заключение, обеспеченное традиционным материалом, кажется пустым, полым изнутри. Отторжение каденциальной прививки может истолковываться как символ отречения от старого, уже устоявшегося стиля, который она изначально представляла. Каденциальная фигура из-за отсутствия интегрированности демонстрирует произвольность ее традиционного использования. Таким образом, как выделенный материал, каденция проявляет пустоту, стоящую за выстроенной музыкальной системой, которую она представляет, тем самым выражая кризис завершенности.

Выделяя обычно невыделенный материал, можно коренным образом изменить его значимость, поскольку то, что было стандартным и привычным объектом (каденция), приобретает гораздо большее значение. В этом случае я утверждаю, что каденция становится физической сущностью, олицетворяющей произвольность условностей и пустоту, на которой основываются подобные конструкты реальности. В конечном счете этой несколько обманчивой «классической» риторичностью и отторжением каденции данное сочинение указывает на произвольность всех условностей. В терминологии Лакана каденция символизирует тот факт, что замкнутой и непротиворечивой реальности не существует. Каденциальная фигура становится «небольшим кусочком Реального»; это воплощение утраты Другого, что в лакановской теории обозначается символом (S(Ⱥ)). В качестве разрыва в музыкальной реальности каденция (как маленький кусочек Реального) становится физическим напоминанием о принципиальной невозможности, вокруг которой строится реальность, и впоследствии указывает на абсолютную, но необходимую бессмысленность, стоящую за нашими попытками создать фиктивные вступления, середины и окончания, которые могли бы представлять смысловые сущности. В результате при окончании I части прививка каденцией не разрешает музыкальный кризис завершенности, а, наоборот, выставляет его напоказ. Отторжение прививания показывает, что музыкальные формы, выражаясь словами Адорно, больше не могут «вести себя так, будто само их существование способно придавать смысл», когда смысл «больше в обществе не встречается» [Adorno 1992: 88].

В книге «Глядя вкось» Жижек описывает различные способы, помогающие избежать встречи с Реальным и обойти кризис, вызванный произвольностью сконструированной реальности [Žižek 1992: 35]. Одним из методов избегания кризисов Реального является фетишистское расщепление. Здесь кризис может быть осознан, но субъект, чувствуя себя беспомощным, отказывается от интеграции проблемы в символическую реальность — то есть игнорирует проблему. Второй способ избегания Реального заключается в трансформации кризиса в травматическое ядро.

Субъект пытается контролировать каждый аспект существования, дабы предотвратить любые разрывы, которые могли бы привести к столкновениям с Реальным. Наконец, происходит «невротическая трансформация» при проецировании субъектом смысла на кризис. Кризис рассматривается как мистический ответ на Реальное — знак от некоего трансцендентного означающего, подлежащего интерпретации. В Шестом струнном квартете композиционное построение разных частей и то, как эти части в итоге обходятся с каденцией, можно интерпретировать как отражение различных техник уклонения, которые использует субъект современности при столкновении с Реальным.

То, как различные техники уклонения становятся частью музыкального дискурса Шестого квартета, мы можем лучше понять, узнав, как они соотносятся с разными методами, выработанными за всю историю человечества для получения знаний. Базы знаний эпохи Возрождения, классицизма и модерна, описанные в книге Мишеля Фуко «Слова и вещи», представляют собой различные способы согласования условий существования [Фуко 1994]. В качестве средства конструирования реальности каждая из эпистем знания имеет собственный способ уклонения от Реального, что вторит описанному у Жижека. В ренессансной эпистеме знание нарабатывается путем поиска и интерпретирования сходств, раскрывающих единство знания за пределами [видимого] мира. Разрывы реальности следует воспринимать как обозначения Божественного. Таким образом, кризис становится неким знаком — обозначением, которое создано до означивания и которое необходимо интерпретировать, дабы обрести знание. Классическая эпистема представлений создает знание в соответствии с тождеством и различием, благодаря чему может составиться энциклопедическая таблица, в которой представлены все знания. Этот рациональный, научный взгляд на вселенную позволяет почувствовать, что все аспекты реальности могут контролироваться и что все разрывы исчезнут в линиях решетки-растра, содержащей в себе все знания. В современной, органической эпистеме сравнение представлений больше не является основой знания, которое, скорее, формируется с помощью различных средств воспроизведения. Механистический взгляд эпохи Просвещения на то, что различные части создают целое, заменяется биологическим взглядом, фокусирующимся на органическом единстве. Это стремление приводит к поиску метаединства, из которого берет начало все остальное. В желании проанализировать целое биологическая эпистема ведет к «поиску единств, общностей, предельной тождественности», после чего оказывается возможным определение сущности метаединства [Solie 1980: 151]. Здесь разрывы должны игнорироваться и удерживаться на безопасном расстоянии, поскольку признание разрывов обнажит произвольность метаединства.

Как отмечалось ранее, сконструированные музыкальные реальности первых трех частей Шестого квартета можно проанализировать как иллюстрацию различных способов, с помощью которых человечество, используя три эпистемы познания, уклоняется от осознания пустоты, стоящей за сконструированной реальностью. Фетишистское расщепление, характерное для современной традиции, проиллюстрировано в I части, поскольку там музыка последовательно игнорирует разрывы в своей структуре; невротическая попытка контроля за всеми параметрами, дабы предотвратить любой возможный кризис, отражается в конструкции II части, а интерпретация кризиса Реального как мистическая психопатологическая проекция воспроизводится в пассакалии III части. При этом квартет выявляет как произвольность сконструированной вселенной (через неудавшееся прививание каденциальной фигуры), так и невротические способы, выработанные человечеством, чтобы обойти пустое ядро, которое в конечном итоге и поддерживает реальность. Неспособность музыки полностью усвоить прививку каденциальной фигурой в завершении первых трех частей сигнализирует о потенциальном провале каждой из сделанных эпистемами попыток обойти разрывы, образованные Реальным. В идеале, чтобы субъект смог вынести противоречия сконструированной реальности, он должен признать Реальное как неизбежную часть существования, а не патологизировать разрыв, вызванный брешью между Реальным и символизацией. Последняя часть квартета представляет собой попытку постулировать такую реальность, в которой учитывается кризис Реального в сконструированной реальности. Тогда прививка каденциальной фигурой усваивается в символическом универсуме, поскольку музыкальный субъект начинает искать способы смирения перед лицом «бессмысленной произвольности» Реального [Žižek 1992: 35].

Современная эпистема

В части I произведение начинается с самой поздней совокупности знаний — современной эпистемы. Сразу можно заметить, как происходящее старается избежать признания пустоты, стоящей за реальностью, совершая свою работу так, будто разрывов в символической конструкции не существует. Тем не менее с отторжением прививания каденциальной фигуры в финальных тактах разрывы Реального больше нельзя игнорировать. Как показано на рис. 2.1, эта часть написана в сонатной форме, которая считается квинтэссенцией структуры органического единства в современном музыкальном дискурсе — план «экспозиция — разработка — реприза» при поддержке гармонической структуры «тоника — побочная тональность — тоника» составляет метаединство, из которого исходят все сонаты. На рис. 2.1 показано, что экспозиция следует традиционной сонатной парадигме с областью главной темы (P) в основной тональности; затем при модуляции музыка переходит в доминантовую тональность в области побочной темы (S), в которой у тематического материала остается много мотивных сходств с материалом P[7]. Разработка делится на два раздела и имеет структурную форму, которую Хепокоски и Дарси называют «ротационной разработкой», когда используемый в ней материал следует тому порядку, в ко-

---

[7] В этой книге я буду использовать систему Хепокоски и Дарси для обозначения разделов сонатной формы. В системе Хепокоски и Дарси P обозначает область главной темы (primary-theme zone), TR — область перехода/модуляции (transition zone), S — область побочной темы (secondary-theme zone) и C — область завершения (closing zone). Общую характеристику и подробное рассмотрение этих обозначений см. в [Hepokoski, Darcy 2006: 14–22].

Раздел	Репетиционные метки	Тональность
Экспозиция		
область главной темы (P)	0–4.7	G
переход	4.7–5	
область побочной темы (S)	6–9.12	D
Разработка		
основной раздел	9.13–12 (заверш. 9.8)	g — (f♯)
побочный раздел	13–21.4	(A♭)
Реприза		
материал P	21.5–24	G
материал S	25	e♭
тема P	30 (заверш. 29.4)	G
Кода	33	G

Рис. 2.1. Квартет № 6, I часть, краткий обзор

тором он появлялся в экспозиции [Hepokoski, Darcy 2006: 205–219, 611–614]. Первый раздел в минорной тонике использует материал из области P, а второй раздел разрабатывает материал из области S перед тем, как добавить к нему элементы из P, подвигая часть к кульминации (R. 18–21.4). Реприза отличается от экспозиции сокращенным возвращением материала из областей P и S и пропуском модуляции. После репризы материала S вновь звучит основная тема, имитирующая «возвращение» темы P во вступлении репризы (будто бы запуская еще один ротационный блок). Завершает часть кода длительностью в сорок тактов.

Описанная Тэлботом как «обычная сонатная форма», созданная в «гайдновской», по мнению Роузберри, тональности соль мажор, эта часть — одна из немногих сонатных форм с «полновесной» открывающей частью, что встречаются в струнных квартетах Шостаковича [Talbot 2001: 215; Roseberry 1989: 248][8].

[8] Аналитический обзор всех квартетов см. [McCreless 2009]. Более подробное рассмотрение форм Струнных квартетов № 1–6 см. [Kuhn 2005].

Тем не менее разрывы Реального проникают в данный вариант сонатной формы, поскольку, несмотря на утверждение Тэлбота, она не совсем обычная. Как было показано на рис. 2.1, эта часть действительно тяготеет к сонатной форме, имея необходимые формальные разделы, однако их границы плохо определены, и музыка постоянно отклоняется от гармонической структуры, традиционно определяющей форму. Кун идет еще дальше, утверждая, что «структурные столбы» сонатной формы «вероятно, подрываются более неприкрыто, чем в любой другой части струнных квартетов Шостаковича к тому моменту [струнные квартеты № 1–5]» [Kuhn 2005: 397].

Внимательный взгляд на различные разделы этой части раскрывает то, как происходит это стирание формы через нарушение гармонии и отсутствие функционально завершающих разделов. Начальная фраза области P (R. 0.1–12 в примере 2.1) с энергичной темой, начинающейся двумя восходящими анапестами, представлена в R. 0.6–12, по окончании которой впервые появляется каденциальная фигура. Первая фраза, хоть и временно с пониженной фа-бекар, с минорной доминантой и неаполитанскими аккордами (в R 0.11–12), написана в устойчивом соль мажоре, что приводит к полноценному заключительному изложению в основной тональности. Побочная фраза, начинающаяся с затакта к R.1, повторяет два первых такта анапеста, с которых начинается первая фраза; это подразумевает последующий ответ, но после двух тактов имитирования музыка сильно меняется. Далее, как показано в примере 2.1, следуют 29 тактов продолжения (начиная со второй фразы в R. 1), во время которых музыка отклоняется от основной тональности. Вторая фраза так и не приходит к каденциальному или риторическому завершению; вместо этого, как только фраза теряет темп (начиная с R. 3.4), вторая скрипка напоминает вступительный бурдон четвертными нотами на 5Ш. Этот бурдон возвращает музыку к тонике посредством чистой силы, а не через гармоническое движение. Начинающаяся с R. 4 вступительная фраза полностью возвращается к основной тональности, твердо завершая область P изначальной каденциальной фигурой.

Таким образом, формальное построение области основной тональности следует парадигме «изложение — разработка — заключение», которую Хаттен описал как базовый «блок построения разделов» музыкальных форм, в которых каждый из трех разделов имеет собственную функцию в построении всей тематической области [Hatten 1994: 119][9]. Согласно Хаттену, функция раздела изложения — представить мотивный и тематический материал с целью твердо заявить тональность. Этот раздел характеризуется четкой периодичностью и тональной стабильностью. Средний раздел является действенно-ориентированным и обладает как разработочным, так и модуляционным качеством, а также значительно большей сложностью. Гармонически этот раздел либо продлевает доминанту, либо модулирует в новую тональность. Третий раздел имеет каденциальную функцию, которая обычно сочетает «переосмысленное возвращение/разрешение идей» [Hatten 1994: 112] с привычным мелодическим и гармоническим каденциальным материалом, дабы подчеркнуть завершенность.

В I части вступительная фраза P выполняет функцию изложения, представляя четко сформулированную тематическую идею, прочно находящуюся в родной тональности. Разрушение этой структуры начинается в продолжении, которое не модулирует и не продлевает доминанту, как должно быть, а вместо этого соскальзывает на ми-бемоль минор, понижая две ступени одновременно — 1Ш и 3Ш. На протяжении всего раздела продолжения ми-бемоль дает явный полутоновый конфликт как с тонической, так и с доминантовой гармонией (тональность ми-бемоль вступает в противоречие с доминантой ре, а соль-бемоль из ми-бемольного аккорда понижает высоту тоники). Ближе к окончанию продолжения (с затактом в R. 3.5) вторая скрипка пытается

---

[9] Этот трехчастный процесс описан многими теоретиками. Описание по схеме «изложение — разработка — заключение» взято из [Hatten 1994: 112–119]. Агаву в своем детальном исследовании использует терминологию «начало — середина — окончание» [Agawu 1991: глава 3], а Уильям Каплин именует эту структуру «представление — продолжение — каденция» [Caplin 1998: 9–15].

возобновить доминантовый бурдон, с которого произведение начинается, но, когда два нижестоящих инструмента отвечают на призыв второй скрипки, они оказываются в ми-бемоле — на расстоянии полутона. Как видно в примере 2.1, ритм «начального заикания», который проявляется в начале произведения, включает в себя две высоты тона, за которыми следуют две паузы. Пример 2.1 также показывает, что, начинаясь в R. 3.5, четвертные ноты нижних инструментов заполняют паузы в первой скрипке собственной версией бурдона. В краткосрочном результате получается дуэль бурдонов. Несмотря на попытку второй скрипки вернуть звучание обратно в соль мажор, два нижних инструмента остаются в прежнем состоянии до затакта к R. 4, где они возвращаются в соль мажор перед заключительным разделом. В заключительном разделе, который должен переосмыслить или разрешить более ранние музыкальные идеи, не происходит ни того, ни другого: вместо этого музыка отказывается признавать отклонения музыкального дискурса и вводит повторное изложение раздела представления. Такое повторное изложение вступительной музыкальной фразы игнорирует гармонические отклонения раздела продолжения, беспечно возвращаясь в соль для повторения раздела представления. Это приводит Фаннинг к характеристике Шестого квартета как «обманчиво невинного <...> поскольку наивный соль мажор вступления все время ускользает из поля зрения, чтобы восстановиться, будто ничего не произошло» [Fanning 2001: § 4.ii].

Материал S тесно связан с тематическим материалом P, за счет чего эти разделы объединяются в мотивном соотношении. В обоих есть мотивы, которые намечают чистые квинты и краткие темы из четвертных нот. Кроме того, мотивная идея, используемая для подготовки возвращения вступительной фразы (R. 3.7), появляется в области S в R. 9, где она подготавливает начало разработки (которая фокусируется на материале P). Структурно в S, что неудивительно, используется та же схема, что и в P, а именно — схема «изложение — продолжение — заключение». Что естественно для побочных тематических областей, S имеет гораздо более свободную форму, нежели P, и не создается путем сплоченного представления тем[10]. Вместо этого вводятся тематические идеи, продолжающиеся в течение двух-трех тактов и разделенные паузами, которые не содержат каденциального подтверждения новой тональности. В том, что выглядит попыткой обуздать стремление к безудержному росту, проявляющееся в продолжении раздела P, тематический материал S, по-видимому, составляется таким образом, чтобы ограничить движение. Тем не менее, как отмечает Роузберри, тема «с ее несменяемой солирующей фразой, привязанной к сухой двухнотной формуляции нисходящей малой терции <...>, начинает расширяться, несмотря на свою сущность» [Roseberry 1989: 248]. Фактически этот материал выходит *за рамки* квартета, вводя фигуру нисходящей трели, взятую из параллельного раздела I части Третьего струнного квартета Шостаковича (см. R. 7.4 в Шестом квартете и R. 6.5–6.15–6.16 в Третьем струнном квартете) [McCreless 2009]. Для каденциального раздела здесь вместо функционально завершающего раздела имеется сжатое и фрагментарное возвращение фразы из представления. Как отмечалось выше, тематическим идеям области S не хватает какого-либо каденциального подтверждения новой тональности. Без четкого ощущения тональности тональность раздела продолжения становится даже более нестабильной. Таким образом, если гармоническая цель S состоит в том, чтобы установить новую тональность, то область S вызывает проблемы, поскольку музыка лишь намекает на новую тональность. Кроме того, как и в случае с P, заключительная часть парадигмы «изложение — продолжение — заключение» не выполняет своей задачи, поскольку происходит только фрагментация темы, что приводит к дезинтеграции, а не к заключению. (Кун удачно описывает «музыкальную паузу» в одном такте перед R. 9 как «глубинную не-каденцию» [Kuhn 2005: 403].) Повторное использование бурдона позволяет обойти проблему завершения — окончание S в этом случае появляется по умолчанию, но не с надлежащим окончанием, а принудительно при начале нового раздела.

---

[10] Термины «сплоченное представление темы» и «свободная тема» взяты из [Caplin 1998: 19–20].

Таким образом, в R. 9.8 первая скрипка возобновляет вступительный бурдон четвертными нотами, в то время как другие инструменты продолжают вести мотивы из S, где музыкальная идея завершается на еще одной «не-каденции». С затактом к R. 10 альт и вторая скрипка вступают с исходной темой, изначально предполагающей рондоподобный возврат P. Но тут же мы слышим, что это не совсем точное повторение, так как ступени 3Ш и 5Ш понижены. Казалось бы, отягощенные бурдоном над ними, средние инструменты не могут достичь высоты доминанты, что крайне важно, и вынуждены отказаться от того, что могло бы оказаться возвращением темы P в миноре. Вместо этого данный музыкальный фрагмент становится началом относительно короткого первого раздела (всего их два) ротационной разработки. После первого раздела в R. 13 начинается второй, значительно более длинный, сразу же приобретая более резкий оттенок. Здесь мотивные идеи в основном взяты из S. Нисходящие ходы четвертными нотами, фигурировавшие в предыдущих разделах, превратились в напряженные маршевые восходящие паттерны, а музыкальный массив подходит к кульминации, наполненной выразительными аккордами из двойных нот и интенсивными хроматизмами. Аккорды из двойных нот имитируют ритм «начального заикания» бурдона, создаваемого четвертными нотами. Как и в случае с возвращением бурдона в P, смещенные версии ритма слышны у первой скрипки и нижестоящих инструментов, поскольку последние звучат во время пауз первой скрипки, создавая еще один пример противостояниях инструментов друг другу. Музыка, чей массив сгущен многочисленными одновременными звуками, становится пронзительной в своем стремлении к кульминации (см. R. 19 и 20).

Разработка, как и завершения других разделов, также оканчивается будто по умолчанию. В примере 2.3 показано поэтапное вступление репризы, когда первая скрипка начинает репризу первой темы в R. 21.5 (начальный такт в примере 2.3) на октаву ниже. В то время как первая скрипка исполняет тему P в изначальной тональности (соль мажор), три нижестоящих инструмента продолжают исполнять тематические идеи разработки

Пример 2.3. Квартет № 6, I часть, переход от разработки к репризе

в состоянии тональной путаницы, путем чередования тональностей ля-бемоль мажор и соль мажор. Четырнадцатью тактами позже, в R. 23.2, вторая скрипка и альт наконец вступают с материалом из P. на фоне виолончели tacet. Поэтапное возвращение затушевывает границы разделов, исключает всякое ощущение разрешения, которое могло возникнуть при репризе, и создает иную возможность избежать завершения[11]. Возвращение мате-

[11] Кун прекрасно резюмирует связанную с этим музыкальную ситуацию, заявляя: «Этот момент как будто воплощает в себе все, что характеризовало сочинение до сих пор: неопределенная и подвергаемая сомнению тональность, нечеткое разделение на разделы и ощущение глубочайшей неустроенности там, где [sic!] было обещано разрешение» [Kuhn 2005: 406].

риала P прерывается на R. 24.4, когда скрипки вступают с «заикающимся» бурдоном на соль-бемоль и си-бемоль, сигнализируя о начале репризы S. Как следует из звуковых высот бурдона, когда S возвращается при репризе, это происходит в неправильной тональности — в ми-бемоль миноре вместо тонического соль мажора. В ми-бемольное трезвучием переходил раздел продолжения P; это означает, что в микрокосме P и макрокосме репризы музыка переходит от тоники к той же тональности, ми-бемоль минору.

Напомним, что проблему завершения удается аналогичным образом обойти в заключении, венчающем область побочной темы и разработки, поскольку ни один из разделов не заканчивается самостоятельно, по умолчанию завершаясь началом нового раздела. Когда S возвращается в репризе, это происходит не в той тональности — в ми-бемоль миноре вместо изначального соль мажора. В конечном счете материал зоны S так никогда и не прозвучит в изначальной тональности. Таким образом, ротационный возврат P в конце репризы необходим для того, чтобы восстановить тональный центр, и работает это таким же образом, как возвращение изложения в область основной темы экспозиции, которое использовалось для возвращения музыки к соль мажору после того, как продолжение отклонилось от тоники. Окончание возвращения материала S вновь сигнализируется вступлением «заикающегося» бурдона четвертных нот. Бурдон впервые вступает в R. 29.4 в первой скрипке на ми-бемоль и переходит в альт в R. 29.8. Вновь возникает прямой конфликт между ми-бемоль и тонической гармонией, так как альт остается в бурдоне на ми-бемоль на протяжении всего второго возвращения раздела представления темы P в скрипках в соль мажоре. Только после постепенного разрешения каденции альт опускается до ре (5Ш в тоническом ключе). И вновь музыка предпочитает игнорировать отклонения, используя вступительный материал для восстановления изначальной тональности, как будто ничего не произошло.

Следует признать, что возвращение S в тональности, отличной от изначальной, не является полным отклонением от сонатной формы. Хепокоски показал на примере сонат, написанных в промежутке около десятилетия до или после 1800 года, что возвращение S в изначальной тональности не обязательно является определяющим принципом сонатной формы [Hepokoski 2002][12]. Хепокоски утверждает, что основная функция области S заключается в направлении музыки к существенному экспозиционному завершению (СЭЗ) в экспозиции и к существенному структурному завершению (ССЗ) в репризе [Hepokoski, Darcy 2006: 134]. Тем не менее даже с этой точки зрения соната из I части Шестого квартета не удается, так как реприза S не возвращается в родную тональность и не приближает музыку к завершению в тонике (ССЗ). Вместо этого тема P должна вернуться в третий раз, чтобы привести музыку к ССЗ.

После своего сокращенного возвращения материал P переходит в коду в R. 33. Замедляя движение анапестом в вступительной теме до четвертных и половинных нот (или целых, связанных с половинными), кода использует материал из P и переходного раздела, прежде чем устояться на повторяющемся тоническом трезвучии, за которым следует каденциальная фигура. Когда появляются три тонических трезвучия (см. R. 35.10), первая скрипка вступает на сильной доле с целыми нотами на D6. Три нижних инструмента присоединяются через два такта с трезвучием соль. Учитывая, что вступления смещены на два такта, эта фигура непосредственно отсылает к тем моментам в начале части, когда между двумя наборами инструментов происходила «бурдонная» дуэль (в P и в кульминации разработки). В этой части бурдон неизменно выступал в качестве вступительного жеста, сигнала нового начала, и часто способствовал вынужденному окончанию разделов, начиная новые. Здесь бурдону не хватает нового раздела, который можно было бы ввести, и подчеркивается неспособность I части довести разбиение разделов до логического завершения. Бурдон, как означающее новых начал, за счет удлинения может обеспечить риторическое завершение, но не способен привнести в эту часть синтаксическую завершенность.

---

12 По этому вопросу см. также [Hepokoski, Darcy 2006: 242–245].

После такта паузы вступает каденция — присоединенная, но не интегрированная.

Согласно Фуко, современная эпистема рассматривает все индивидуальные сущности как органические копии одной и той же формы. Результатом такого подхода к знанию является то, что, когда I часть отклоняется от гармонических и структурных норм, она должна игнорировать — должна убедить слушателей игнорировать — эти отклонения, иначе гипотеза совокупности знаний на фундаментальном уровне будет признана несостоятельной. Однако Реальное нельзя удержать на безопасном расстоянии, поэтому помехи, вызванные Реальным, просачиваются в музыку. Кризис завершения в непрерывном повторении органической эпистемы предвещается в начале части, поскольку, в дополнение к постоянному крушению гармонии, разделы не завершаются сами по себе — их окончание вызвано началом новых разделов. К тому же из-за изначального представления области S в тональности ре, репризы S в неожиданной тональности ми-бемоль (наряду с «соскальзыванием» P к ми-бемоль в разделе продолжения) и активного использования ля-бемоль в разработке, общая тональная схема части отражает четыре финальные высоты звука каденциальной фигуры (ля-бемоль, ми-бемоль, ре и соль). Как будто бы те высоты звука, из которых состоит выделенный объект, влияют на крупномасштабную гармоническую структуру части, создавая очень мрачную тональную картину. Кроме того, как отмечает Кун, несбалансированное разрешение изначальной каденции предвещает несинхронизированные модуляции между формальными разделами [Kuhn 2005: 401][13]. Данная часть не смогла избежать Реального; вместо этого Реальное просочилось в сердцевину формальной логики современного дискурса. Таким образом, хотя прививка более всего заметна в последних тактах, в ретроспективе мы понимаем, что она

---

[13] Кун утверждает, что ми-бемоль и ля-бемоль представляют собой альтернативные доминантовую и тоническую гармонии к ре и соль. Хотя это и может казаться преувеличением функциональной роли ми-бемоль и ля-бемоль, они определенно способствуют дестабилизации превалирующих гармоний [Kuhn 2005: 397–409].

присутствует на протяжении всего произведения. Прививка, по словам Деррида, это «размножающийся аллоген», вторгающаяся сила, которую можно распознать только «постфактум, в момент, когда она отбрасывается как текстовый хвост, как остаток» [Derrida 1981: 353–357; Деррида 2007].

Когда эта часть подходит к финальным тактам, она больше не может использовать повторяющиеся ноты в качестве сигнала о завершении раздела началом следующего и поэтому прибегает к единственному варианту музыки, создавшей функциональное завершение целой части: каденции, завершающей представление материала P. Однако того, что функционировало на локальном уровне, недостаточно в глобальной среде, где органический рост в конечном счете создает гораздо более крупную структуру, дублирующую метаединство. По мере того как произведение из базовой структуры превращается в полноценную сонату, завершающий материал должен выходить за рамки каденции. В нынешнем виде каденция способна завершить восьмитактовое изложение, но не всю часть. Использование каденции продолжает регрессивные тенденции I части, обращаясь к предыдущим материалам при отказе иметь дело с разрывами в современной эпистеме. Вместо того чтобы создать убедительное завершение — или, по крайней мере, скрыть неспособность музыки прийти к заключению, — каденция выявляет кризис завершения и разрыв Реального.

Классическая эпистема

В I части постоянное «разоблачение» [Фуко 1994: 383] современной эпистемой и ее отказ учитывать отклонения повторяющегося воспроизведения «трансцендентного единства» [Solie 1980: 152] терпит неудачу, обнажая в итоге то, что старательно игнорировалось. Следуя за I частью, в которой преобладает обращение к прошлому через устаревшую, исторически ориентированную каденцию в попытке зашить разрыв в Реальном, II часть поворачивается к еще более старой совокупности данных — к классической эпистеме. Цель классической эпистемы — разло-

Раздел	Репетиционные метки	Тональность
A	36	E♭
B	38	B♭
переход	39.13	
A^2	40	E♭
C	42	
A^3	46	E♭
B^2	48	D (на полтона ниже!)
переход	50	
C^2	51	E♭

Рис 2.2. Квартет № 6, II часть, краткий обзор

жить все знания таким образом, чтобы каждому аспекту положения было отведено свое место — означает создание лабораторных условий, позволяющих субъекту почувствовать, что кризисом можно управлять и даже предотвратить его поддержанием строго контролируемой среды.

На формальном и тематическом уровнях II часть представляет собой таблицу разделов, каждый из которых четко разграничен и не требует тематического развития. Эта часть представлена в измененной сложной трехчастной форме. Вальсоподобный вступительный раздел сам по себе имеет трехчастную форму (ABA), за ней следует трио (C), которое неожиданно возвращается в конце части вместо раздела A в финале. Разделы отчетливы, а переходов всего два, и оба следуют за разделами B. Таким образом, общая форма части представляет собой схему ABп $A^2CA^3B^2$пC^2 (см. рис. 2.2). Первый переход, приводящий обратно к A^2, состоит из четырех кратких тактов, а второй, приводящий к C^2, расширяется и включает в себя отсылки к материалу раздела A. Во всех случаях, кроме одного (ход от C^1 к A^3), сигналом хода к новому разделу (будь это начало нового раздела или модуляция, которая ведет к новому разделу) выступает такт четвертных нот, исполняемых любым из солирующих инструментов на ступенях 3Ш или 5Ш новой тональности или, как в случае модулирующих разделов, единой гармонии. В результате все переходы к новым разделам происходят в краткой механизированной манере. Мотивная разработка не играет роли в построении произведения. В целом анапест как лейтмотивный ритм Шостаковича исключается из этой части — энергичный, приводящий в движение жест не допускается в строго контролируемом микрокосме рационализированного знания.

В попытке контролировать все переменные II часть кажется одержимой различными возможностями перестановок в партитуре, допускаемых в квартете, чем создается растр сходств и различий оркестровки, где разделы группируются по парам так, что второй раздел каждой пары инвертирует партитуру предшествующего (имеется в виду мелодия для скрипки tacet во вступительном разделе) (см. рис. 2.3). Например, в A^1 первая скрипка выводит мелодию, пока альт и виолончель играют аккомпанементом контрмелодию (вторая скрипка tacet). В разделе B^1 мелодия находится у альта и виолончели, а скрипки играют аккомпанемент. Когда раздел A возвращается (A^2) в R. 40, три верхних инструмента играют мелодию поверх контрмелодии от виолончели. Баланс партитуры меняется в разделе C^1, где в первой скрипке звучит мелодия, а у нижестоящих инструментов аккомпанемент. Партитура разделов A^3 и B^2 соответствует разделам A^2 и C^1 соответственно, но теперь вводится еще и использование pizzicato — у мелодии в A^3 и у аккомпанемента в B^2. Раздел C^2 начинается с возвращения к партитуре «двое — надвое» с мелодией в верхних голосах. Здесь в растре проявляются признаки напряженности от введения контрмелодии, которая сначала появляется у альта и виолончели в R. 51.6. Эта контрмелодия переходит на вторую скрипку и виолончель в R. 52.1, впервые разделяя фактуру квартета. К R. 52.9 восстанавливается оригинальная партитура вступления, на этот раз с аккомпанементом у второй скрипки, которая ранее молчала. По фактуре жест с повторяющимися аккордами и каденция представляют собой один солирующий голос против трех остальных инструментов, а каденция — еще и инверсия анапеста. С отсылкой

Раздел	Мелодия	Аккомпанемент
A^1	Первая скрипка (вторая скрипка tacet)	Альт и виолончель
B^1	Альт и виолончель	Первая и вторая скрипка
A^2	Виолончель	Первая и вторая скрипки, альт
C^1	Первая скрипка	Вторая скрипка, альт, виолончель
A^3	= A^2 с pizzicato в мелодии	
B^2	= C^1 с pizzicato в аккомпанементе	
C^2 («реставрация»)	= A^1 (с мелодией у второй скрипки)	
Нарушение (R52)	Вторая скрипка, виолончель	Первая скрипка, альт
Анапест («реставрация»)	B^2 (= C^1 с pizzicato в аккомпанементе)	
Каденция («инверсия»)	= A^2	

Рис. 2.3. Квартет № 6, III часть: таблица партитуры

к оркестровке вступительного раздела в C^2 и «анапеста», растр дополняется прямой отсылкой к первому разделу, исходному состоянию совокупности познаний.

Через такие лабораторные условия партитуры производится попытка контролировать переменные каждого раздела так, чтобы каждый инструмент соответствовал своему диапазону, а каждое из многочисленных средств оркестровки было представлено в обстановке, исключающей неконтролируемые нарушения. Рис. 2.3 иллюстрирует то, как нарушения Реального вкрадываются в различные композиционные аспекты этой части. При умеренном темпе (moderato) в размере $\frac{3}{4}$ как раздел A, так и раздел B характеризуются ритмом, напоминающим вальс. Обе мелодии звучат размеренно, без ритмических синкоп или вариаций, выходящих за рамки стандартного разделения такта на восьмые ноты. Мелодические линии — восходящие и в мажорном ладу. Хотя время от времени и встречаются фразы, выходящие за рамки обычной длины (что типично для Шостаковича), ни один из разделов не является разработочным. Однако в разделе C имеется крупная и, казалось бы, немотивированная смена настроения по сравнению с предыдущими разделами. В отличие от ритмически устойчивых восходящих мелодий предыдущих разделов, раздел C переходит к скользящей хроматической и нисходящей мелодии, в которой чередуются варианты деления такта на две и на три доли. Со скользящим хроматизмом и постоянной сменой ритмического деления, раскрывает ли раздел C то, что скрывают бодрые мажорно-восходящие вальсы предыдущих разделов — что что-то не так в совокупности знаний? То, что все на самом деле не так, выходит на передний план, когда второй раздел B (B^2) смещает момент возврата к родной тональности на полтона вниз, возвращаясь в ре мажор вместо ми-бемоль. (Это воспринимается как изменение по сравнению с I частью, где S должна была в репризе оказаться в ре, но вместо этого вернулась в ми-бемоль.) Тональность II части — это тональность, появлявшаяся в разрывах предыдущей части. Использование ми-бемоля во II части можно интерпретировать как часть попытки контролировать и управлять нарушениями в символическом порядке I части. Однако с возвращением раздела B (B^2) дестабилизирующее перетягивание каната между двумя тональностями распространяется и на II часть. Аналогичным образом при должном возвращении финального раздела к тонике возвращается неправильный раздел, поскольку таблица формальных разделов искажается при возвращении раздела C (C^2) вместо финального раздела A. Несмотря на то что в расширенном разделе перехода есть намек на раздел A, часть заканчивается возвращением крайне хроматического и скользящего раздела C. Раздел C^2 явля-

Пример 2.4. Квартет № 6, II часть, финальные такты

ется центром внимания этой части, где невротические попытки контроля классической эпистемы начинают давать сбои. Возвращение раздела C не только нарушает форму произведения, устраняя продолжительное возвращение раздела A и вновь вводя дестабилизирующий хроматизм, но и привносит в эту часть произведения мелодический элемент извне. В R. 51.6 альт и виолончель отсылают к теме вариаций из I части Седьмой симфонии Шостаковича[14]. Появляясь в pizzicato, в виде параллельных октав

14 Мак-Крелесс называет отсылку к теме из Седьмой симфонии «цитатой <...> здесь затемненной звуковысотным рядом DSCH». На мой взгляд, термин «аллюзия» в данном случае более уместен, поскольку тема изменяется значительнее, нежели подразумевается под «затемнением» звуковысотного содержания [McCreless 2009].

и с пометкой *piano*, эта тема коварна по своим качествам. Жуткое «возвращение» непрерывной темы из Седьмой симфонии вносит беспорядок в лабораторные условия, нарушая тщательно контролируемую обстановку и становясь активным фактором разрушения растра партитуры в R. 52.

И вновь для завершения части используется каденциальная фигура, как будто это некий научный метод, применение которого поможет найти разрешение. Как показано в примере 2.4, помимо транспонирования каденции в ми-бемоль, единственной транспозиции во всем произведении, Шостакович вносит едва заметные изменения в развертывание к концу II части жеста с повторяющимся аккордом и каденциальной фигурой из I части. Здесь первая скрипка удерживает B♭6 практически на пределе своего диапазона, пока три нижестоящих инструмента щипками дают тоническое трезвучие. На каждые два такта приходится одна нота pizzicato, поскольку три повторения тонического трезвучия растянуты на шесть тактов, будто пытаясь придать заключению убедительность исключительно за счет удлиненности. Как и в I части, каденциальную фигуру от предшествующей музыки отделяет пауза. Когда каденция возвращается, растягиваясь на семь тактов, она вновь не вписывается в дискурс, озадачивая слушателя повторением во II части неудачной завершающей фигуры из I части.

Ренессансная эпистема

Из-за неспособности классической эпистемы справиться с разрывами в Реальном музыка вновь регрессирует, на этот раз к ренессансной эпистеме. Если лабораторные условия II части оказываются недостаточными для устранения разрывов, то, возможно, они являются чем-то неподвластным человеческому контролю и пониманию — тем самым являясь знаками некоего мистического бытия. III часть может рассматриваться как попытка увидеть в разрывах сконструированной реальности трансцендентальные знаки — своеобразный ответ Реального. Здесь кризис понимается как возникающий от голоса, предшествующего означиванию, которое проявляется как сигнатура, подлежащая интерпретации с целью получения знания. Форма этой части — пассакалия с непрерывным повторением остинатной партии виолончели — имитирует непрерывный круг познания, сконструированный ренессансной эпистемой и основанный на сходстве, в котором знаки постоянно ссылаются на другие знаки. Партия остинатного баса, изображенная в примере 2.5, составлена так, что заключительная нота связана с начальной нотой следующего изложения, образуя цельный и непрерывный круг.

Исторически пассакалия неразрывно связана с эпохой барокко — временем, контролируемым классической (а не ренессансной) эпистемой. Однако, согласно современному пониманию этого термина, корни остинатного баса уходят в эпоху раннего Ренессанса. Сам по себе термин «пассакалия» впервые появился в литературе примерно в начале XVII столетия [Walker 1968: 305; Hudson 1970: 302] и изначально относился к музыке, исполнявшейся под гитару во время прогулок [Walker 1968: 305]. Первоначально и пассакалия, и чакона исполняли функцию ритурнели, являясь музыкальным материалом, используемым для вступления и завершения самых разнообразных произведений [Ibid.: 309]. Во второй четверти XVII века пассакалия начала использоваться как остинатная форма [Ibid.: 313]. В остинатной форме пассакалия вплетается в гораздо более древнюю традицию остинатного баса, которая восходит к началу XIII века и начинает принимать современную форму в повторяющихся аккордовых схемах ренессансного танца [Green 1979: 188; Hudson 2001: § 1]. Таким образом, ко времени эпохи барокко пассакалия уже имела архаичное и регрессивное звучание. Пассакалия, как более старая форма в классической эпистеме, может восприниматься как представление классического периода о сходствах, определявших более раннюю совокупность знаний [Walker 1968: 305; Hudson 1970: 302; Hudson 2001: § 1; Green 1979: 188].

Эта часть начинается с сольного представления темы у виолончели. В каждом из следующих трех повторений вступает новый инструмент (продвигаясь наверх от виолончели через альт ко второй скрипке и, наконец, к первой) в лирическом контрапунк-

Пример 2.5. Квартет № 6, III часть, тема пассакалии

те, так что к четвертому повторению темы создается плотная, но спокойная полифоническая структура. При четвертом повторении с последней нотой у виолончели три верхних инструмента сливаются воедино в два такта устойчивых четвертных нот, где четвертая нота каждого такта заскакивает на третью или четвертую. На пятом повторении три верхних инструмента продолжают играть как единое целое, вновь завершаясь устойчивой гармонией четвертных нот. Слияние инструментов в конце пятого повторения приводит, по-видимому, к временной приостановке циркулярного движения пассакалии, поскольку виолончель, вместо того чтобы продолжить дальнейшее изложение темы, переходит в бурдон на финальной ноте темы. Верхние инструменты повторяют четвертные ноты, но с одним изменением, поскольку благодаря двойным нотам альт и вторая скрипка частично перенимают партию первой скрипки, эффективно освобождая ее от своих обязанностей в четырехчастной фактуре. Таким образом, скрипка, освобожденная от ограничений, какое-то время парит, исполняя прекрасную мелодию, в которой она, начиная на самой высокой ноте этой части, B♭5, мягко плывет вниз, в конце концов приземляясь и присоединяясь к остальным инструментам в устойчивом мотиве из четвертных нот.

Соло скрипки нарушает непрерывность круга и требует толкования. Мелодия представляется сигнатурой, которую следует интерпретировать как ответ Реального, но загадочная красота соло этому не поддается — оно не дает никаких новых знаний. В ренессансной эпистеме каждая попытка найти смысл, интерпретируя знаки через сходство, приводит лишь к еще бо́льшим сходствам. Сигнатуры, требующие толкования, сами по себе лишены смысла: они лишь указывают на другие сигнатуры, создавая бесконечный круговорот. Мелодия скрипки, хоть и прекрасная, не предлагает решения кризиса завершения. После общей паузы во всех голосах первая скрипка возобновляет круговое движение с затактом к R. 60, после чего альт и виолончель присоединяются к теме в навязчивых параллельных октавах. С полыми октавами и молчанием второй скрипки шестое повторение лишается эффекта присутствия: обнажается пустота непрерывного круговорота сходств. Только к концу вторая скрипка на два такта четвертными нотами присоединяется к фактуре.

С седьмой итерацией возвращается полноценная фактура, которая временами воспроизводит мотивные элементы остинатного баса с помощью имитации у альта, создавая дополнительные сходства. Верхние инструменты вновь повторяют фигуру четвертных нот в окончании темы пассакалии, но, как теперь совершенно очевидно, эта коллективная сила не может положить конец круговому повторению. Поскольку каждое сходство создает замкнутую форму подобий, которая всегда приводит лишь к дальнейшим сходствам, ренессансная эпистема, по словам Фуко, обречена «познавать неизменно одно и то же, но приходить к этому познанию лишь в итоге никогда и не завершаемого бесконечного движения» [Фуко 1994: 67].

Композиционная предпосылка basso continuo ставит под сомнение концепцию завершенности, поскольку теоретически тема пассакалии может продолжаться до бесконечности, *ad infinitum*. Пассакалия Шестого квартета не предоставляет решения этой композиционной дилеммы. Как показано в примере 2.6, пассакалия не способна завершиться — даже привитая каденциальная фигура не может остановить музыкальный поток. Вместо этого каденциальная фигура перенаправляет музыкальное движение к следующей части, меняя тональность на тональность IV части, с кадансом на ее затакте. Получается, что вся каденциальная фигура оказывается в тональности *IV части* (соль мажор), а не III части (си-бемоль минор). Кун отмечает, что столь проблематичные звуковысотные центры, введенные в I части, появляются незадолго до конца пассакалии [Kuhn 2005: 425]. В R. 62.3–4 верхние голоса коллективно исполняют ля-бемольные аккорды, которые разрешаются в ми-бемоль. Повторное введение ранее дестабилизирующих ля-бемольной и ми-бемольной гармоний создает подрывной гармонический ход к тональности финала. Кроме того, жест с повторяющимися аккордами и каденциальная фигура меняются местами; теперь, вступая после финального аккорда каденции, жест с повторяющимися аккордами также вступает в новой тональности. Таким образом, он является вступительным жестом IV части. Сдвоенный такт в партитуре визуально отделяет анапест от последующей музыки. Аудиально слушатель остается без различимого окончания пассакалии, поскольку слышит неожиданное тональное разобщение, когда музыка меняет тональность практически без гармонической подготовки. Только после этого становится понятно, что совершился переход к новой части (в теории оставляя пассакалию продолжать свой бесконечный круговорот сходств). В отличие от двух предыдущих частей, в III части отсутствуют *оба* завершения — и риторическое, и синтаксическое, поскольку круговорот сигнатур создает бесконечный цикл пустых знаков. Пассакалия, которая пыталась истолковать разрыв Реального как божественный знак, находит этот знак завораживающе красивым, но непереводимым.

К новой эпистеме

Обозначая произвольность условностей, каденциальная фигура предполагает, что Реальное и известные нам способы символизации разделены непреодолимой пропастью. Пока этот зазор между ними сохраняется, стабильное психологическое состояние зависит от некоего рода структурированной реальности. Согласно Жижеку, субъекту необходимо каким-то образом «принять Реальное <...> в его бессмысленной действительности», вписав его в свою сконструированную вселенную [Žižek 1992: 35]. Реального не избежать при интеграции объекта в реальность; это нужно учитывать — пропасть между Реальным и символизацией должна пониматься «как нечто, определяющее *condition humaine* — саму нашу *человеческую сущность*» [Ibid.: 36]. Способ-

Пример 2.6. Квартет № 6, III часть, финальные такты

ность Фуко обобщить современную эпистему подразумевает ее неизбежный распад, поскольку только при некотором подобии исторических различий можно начинать герметизировать фундаментальную совокупность познаний века. В Шестом струнном квартете об этом упадке сигнализируют разрывы Реального в I части — когда обнажается произвольность метаединства. Регрессия квартета к классической и ренессансной эпистемам раскрывает то, как эти эпистемы избегают признания Реального. Оставшееся неиспробованным решение состоит в переходе к созданию новой совокупности знаний — совокупности, учитывающей разрывы Реального и пытающейся интегрировать их в сконструированную реальность. В труде «Слова и вещи» Фуко не стремится предугадать, как может развиться новый способ получения знания; Жак Аттали, с другой стороны, предпринял такую попытку в своей книге «Шум: политическая экономия музыки» [Attali 1999]. Хотя книга Аттали преподносится как «история музыки» [Jameson 1999: vii–xiv] (в противоположность археологии знания у Фуко), ее легко интерпретировать как материал, структурированный вокруг эпистем Фуко. Проведенные Аттали различия между вариантами использования музыки как жертвоприношения, ритуала и повторения являются отражением ренессансной, классической и современной эпистем Фуко. В упомянутой книге Аттали утверждает, что музыка сама по себе может толковаться как «правдоподобная метафора Реального» [Attali 1999: 5] (это единственное упоминание им этой концепции), и рассматривает использование музыки обществом в качестве документации изменений идеологии — одним словом, изменений того, как общество обходится с Реальным. Точка зрения Аттали состоит в том, что сдвиг в использовании музыки и ее функциях в обществе предшествует каждому значительному сдвигу концептуализации знания человечеством. После подробного описания использования обществом музыки как жертвоприношения (в качестве средства передачи насилия), ритуала (в качестве средства обмена) и повторения (в качестве средства накопления) Аттали в последней главе теоретизирует о том, что, с его точки зрения, должно следовать за современной эпистемой применительно к музыке, выделяя будущую эпистему как самокомпозицию. Аттали предвидит радикальный переворот по отношению к тому, как музыка создается в обществе, — что, возможно, представляет собой утопическую крайность, когда конечной целью является не использование или ценность при обмене, но само создание произведения искусства.

Идеи Аттали представляют собой попытку рассуждения о том, как общество может научиться более конструктивным образом создавать действительность, которая учитывает Реальное, символизируемое музыкой. Раз идеи Аттали затрагивают буквальное создание/исполнение музыки (он выступает за создание новых инструментов [Ibid.: 144]) и ее использование в обществе, мы, вероятно, можем увидеть в микрокосме IV части Шестого квартета отражение некоторых изменений, которые предвидел Аттали в своих рассуждениях, и заметить новый способ конструирования действительности, который может предложить этот квартет. Сочинение музыки, по мнению Аттали, предполагает «коллективное творчество, а не обмен закодированными сообщениями» [Ibid.: 143]. Создавая новую эпистему, музыка не может искусственно «воссоздавать старые коды, чтобы повторно включить в них коммуникацию» [Ibid.: 134], но вместо того, чтобы полагаться на условности вроде каденциальной фигуры как обозначения завершения, музыка должна найти новые формы означения. Работая с имеющимся материалом предыдущих частей, IV часть может оказаться способной на создание «не новой музыки, но нового способа создания музыки» [Ibid.], который будет осмысленным в данном контексте. При этом утвердилось бы знание, полученное изнутри предыдущей эпистемы, без возвращения к этим старым эпистемам. IV часть переориентировала бы знание так, чтобы можно было попытаться принять произвольность повседневной жизни.

Заключительная часть Шестого квартета переходит к некоему пониманию и принятию разрыва между Реальным и его символизацией благодаря компонентам предыдущих частей в интегрированной сложной рондо-сонатной форме. Здесь по-новому рассматриваются и интегрируются аспекты центров знания предыдущих частей квартета — некоторые успешнее другие. Например, IV часть отсылает к структурам предыдущих частей и к их тональностям. Аспект рондо в рондо-сонатной форме финала отражает постоянное возвращение раздела A в сложной трехчастной форме II части. Это возвращение вступительного раздела в окончании экспозиции финала происходит в тональности II части, еще больше подчеркивая связь с нею. О пассакалии III части напоминает возвращение ее темы ближе к кульминации разработки. Здесь тема появляется в изначальной тональности, в си-бемоль миноре. В дополнение к формальным и гармоническим отсылкам вновь появляются важные мотивные аспекты предыдущих частей. К примеру, в дополнение к возвращению темы пассакалии анапест, столь заметный в I части, исключенный из II части и отсутствующий в III части, возвращается к своему первоначальному положению в музыкальной фактуре, становясь частью каждого раздела. К тому же бурдон четвертными нотами из I части снова возвращается к своей роли и служит началом репризы.

Примечательно, что характерная черта, наиболее тесно ассоциирующаяся с кризисом Реального в предыдущих частях, — неспособность сочетать в окончании синтаксическое и риторическое начала — продолжает преследовать музыку и в финале. Как и в случае с I частью, по мере развития финала провал окончания происходит все в большем формальном масштабе. В IV части проблема компенсируется слиянием функций в разделах. Например, в начале этой части после блуждающего вступления солирующей скрипки музыка располагается в соль мажоре в разделе A в R. 64. Этот раздел состоит из трех обширных частей, схожих с использующимися в I части элементами структуры «изложение — разработка — завершение». Но здесь музыка, действующая как завершение раздела A, также служит и переходом к разделу B[15]. В отсутствие риторического или синтаксического сигнала об окончании раздела A начало раздела B (R. 69) обозначается сменой тональности, размера, фактуры и характера. Аналогичное слияние функций происходит в большем масштабе в окончании экспозиции, поскольку у экспозиции также отсутствует формальное завершение, так как две функции сливаются в одном разделе. В частности, раздел B переходит к возвращению рондо вступительного раздела (начинаясь в R. 73 с материала введения в ми-бемоль) без какого-либо формального завершения раздела B или экспозиции. В R. 75 раздел A возвращается в тональности соль мажор у всех инструментов, но изменения в материале начинают происходить за два такта до R. 77, а в R. 78 уже есть понимание, что музыка движется к разделу разработки. Таким образом, не имеется четкого завершения

---

15 Такой тип слияния возникает на самом локальном уровне в I части. В окончании P, в R. 4.6–7 ощущение завершенности, создаваемое каденцией, значительно ослабляется элизией каденции из-за начала перехода.

экспозиции, и раздел, начинающийся с R. 73, объединяет в себе обе функции — возвращение рондо раздела А и вступление разработки.

В R. 78 разработка идет полным ходом, а музыка начинает подниматься по регистру, подготавливая вступление темы пассакалии и кульминацию произведения. Пассакалия возвращается в R. 80 в виолончели; два такта спустя с темой вступает альт. Не дожидаясь завершения одного цикла сходств перед началом следующего, непрерывный круговорот этих сходств, представленный пассакалией, становится неустойчивым, и музыка начинает крениться к чрезвычайно высокой по регистру и диссонирующей кульминации, достигающей пика на группе аккордов у нижних инструментов (до, ре-диез, ми и соль-диез), пока скрипки варьируют ля-диез и си. Здесь стремление Шостаковича помещать кульминации сонатных форм в разработку, а не в начало репризы, создает композиционную проблему в отношении заключения кульминации[16]. Как и в I части, в финале — после кульминации в разработке — фактура сужается до двух скрипок, так как музыка, затихая, будто бы находится в поиске средства завершения. Вместо того чтобы завершиться или ввести репризу, музыка распадается и за два такта до R. 84 затихает. Скрипки пытаются сыграть еще один такт, но безуспешно. Эти два отдельных момента пауз безмолвно подчеркивают структурный кризис, с которым сталкивается музыка: разработка обращается в ничто.

Без введения репризы экспозиции, минимального определяющего аспекта формы, финальная часть стоит на грани полного формального распада. Таким образом, музыка обращается к единственному мотиву, который, как кажется, никогда не подводил в своей формальной роли, поскольку после двух тактов паузы вступает виолончель с «заикающимся» бурдоном, имевшим столь важное значение в преодолении кризиса, зашивании раз-

---

[16] Дэвид Кастро заимствует терминологию Хепокоски и Дарси, называя «нормативным» стремление Шостаковича помещать кульминацию в разработку, а не в начало репризы. Таким образом, кульминации в иных местах представляют собой деформации [Castro 2005: 21].

рыва Реального в I части. Бурдон звучит на ми-бемоль, возвращая тем самым проблемную высоту звука из I части и одновременно настраивая реакционное возвращение раздела B в си-бемоль мажоре. С репризой раздела A музыка приходит обратно к родной тональности, соль мажору. Раздел A возвращается с новым размером, $\frac{4}{4}$ против $\frac{4}{3}$, и в более спокойном темпе — с четвертной нотой (= 126) против половинной ноты (= 69) во вступлении. Тем не менее даже в таком смягченном состоянии раздел A все еще не способен создать завершение. Как и в разработке, за три такта до R. 94 музыка распадается вплоть до замолкания. Квартет пытается зазвучать еще на два такта, но R. 94.1 начинается с еще двух тактов тишины.

В заключительных тактах части, указанных в примере 2.7, снова отмечается lento tempo, сопровождавший жест анапеста в конце пассакалии. Сравнение примеров 2.6 и 2.7 показывает, что развертывание каденции и жест повторяющихся аккордов аналогичны началу этой части (другими словами, завершению III части). Хотя высоты тонов те же, но партитура иная, так как все инструменты играют три тонических аккорда (тогда как раньше у альта были двойные ноты, а скрипка tacet). Наиболее существенно то, что впервые за четыре повторения жеста повторяющихся аккордов и каденциальная фигура эти два мотива интегрируются и работают сообща для завершения части; паузы их не разделяют, поскольку каденция сразу же перетекает в три тонических аккорда. Предшествуя жесту повторяющихся аккордов, каденциальная фигура, прививка которой была отвергнута, теперь принимается и вводится в риторическое русло музыки. Означающее бессмысленной произвольности становится частью сконструированной квартетом реальности. Как и прежде, каденция понижает высоту верхнего голоса до ступени 1Ш, формируя синтаксическое завершение. Последнее все еще является воплощением абсолютного нонсенса; фиктивные окончания субъекта все такие же (фиктивные), но их произвольность учитывается и вносится в сконструированную реальность. Приняв прививку, символизирующую отсутствие, и сделав ее частью реальности, субъект нашел способ признать пустое ядро, стоящее за скон-

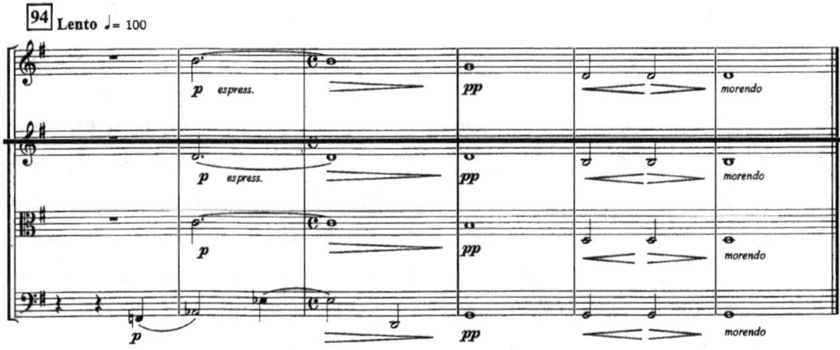

Пример 2.7. Квартет № 6, IV часть, финальные такты

струированной вселенной. Используя слова Жижека, объект, «которым мы можем манипулировать и удерживать в своих руках, подобному любому другому объекту», становится напоминанием и «абсурдности судьбы», и того факта, что в какой-то момент времени ощущалось некое подобие контроля [Žižek 1992: 135]. В каденции повседневный объект действует путем «заполнения пустоты, что зияет в самом сердце Символического» [Ibid.: 33]. Допуская бессмысленность Другого в своей сконструированной вселенной, можно создать реальность, в которой субъект сможет поддерживать себя, несмотря на противоречия существования.

После того как каденциальная фигура синтаксически завершает произведение, первая скрипка опускается на кварту до 5Ш для жеста повторяющихся аккордов. Жест трех аккордов, отмеченный *morendo*, теперь занимает свое место как риторическое означающее «конца, которому нет конца» во вновь развивающемся дискурсе. Здесь музыка признает кризис завершения в том смысле, что не пытается подражать каденциальным идеалам прошлого, призывающим к полной завершенности. Вместо этого, повторяя одни и те же аккорды с синтаксически открытой 5Ш в верхнем голосе, произведение подтверждает точку зрения Адорно, полагавшего, что современную музыку «нельзя гипостазировать как единство реально представленного смысла» [Adorno 1992: 138]. Тем не менее, хотя музыка не может обеспечить последовательное *единство смысла*, эта финальная часть предполагает, что какой-то смысл все же может существовать, хотя и не в виде замкнутого, стабильного и связного целого. Ранее обсуждалось, что, когда мы впервые слышим жест трех аккордов в конце вступительной части, ее партитура намекает на «заикающийся» в начале бурдон. Таким образом, этот жест содержит в себе зерно нового начала; он подразумевает в себе новое вступление. Аналогичным образом сочинительство, по словам Аттали, приведет к новой концепции истории, открытой и нестабильной, обладающей «постоянной хрупкостью смысла» [Attali 1999: 147]. Кризис завершения представляет собой кризис идентичности, поскольку субъект пытается замкнуться на себе. Кризис не рассеется до тех пор, пока субъект не откроется для инаковости, позволив неизвестному проникнуть в сконструированную реальность. Поскольку произведение не может продолжаться бесконечно, изложение трех повторяющихся аккордов дает возможность произведению угаснуть, не вызывая пустого завершения и не устраняя неопределенностей, вызванных Реальным. В новой эпистеме сочинительства музыка должна «создавать собственный код одновременно с произведением» [Ibid.: 135], и именно это происходит с жестом анапеста, поскольку к концу произведения он начинает обозначать для него новый код завершения — признающий, что окончательного завершения нет.

И вновь Шестой квартет воспринимается как попытка вернуться к более легкому, более невинному стилю, вероятно, иллюстрирующему само намерение сочинять — по словам Фаннинга, «более незамысловатую и жизнерадостную музыку» [Fanning 2001: § 4.1]. Тем не менее, как отмечает Фаннинг в другом месте, «чувство тревожной настороженности все больше проявляется под внешне безобидной поверхностью Шестого квартета» [Fanning 2004: 40][17]. По правде говоря, квартет регрессивен, но лишь

[17] Шостакович написал это сочинение во время медового месяца после заключения второго брака с Маргаритой Каиновой (см. [Fanning 2004: 40] и [Fay 2000: 198]). И если поверхностная невинность произведения может считаться отражением этого праздничного периода, то «проблема тона» [Fanning 2004: 40], вероятно, безошибочно предвещает скорый крах брачного союза.

в той мере, в какой демонстрирует несостоятельность попыток избежать подобной регрессии. Для того, чтобы квартет стал чем-то иным, а не образцом сентиментального китча, — чтобы он постулировал какое-то значение текущей реальности, — произведение не может поддаваться пустотелости чистой ностальгии. В Шестом квартете музыка направлена на создание новых кодов, которые сохраняют смысл в текущем контексте, не скрывая при этом причины первоначального кризиса. Шестой струнный квартет пытается сначала скрыть рану от утраты Другого, но в конце концов не устраняет кризис, поскольку в окончании разработки и всей части обнажает пустоту, стоящую за созданной им реальностью. В то же время этот квартет не патологизирует симптом — рана и вся ее бессмысленность принимаются как часть реальности. Таким образом, квартету удается указать на будущее, позволив услышать пустоту, скрывающуюся за условностями, не патологизируя разрыв (формальные и гармонические сбои/неудачи), который символизирует произвольность сконструированной реальности. По мере того как произведение затихает, последняя пометка в партитуре, *morendo*, завершает музыку в той манере, которая, пожалуй, заслуживала бы названия «классический Шостакович».

Глава 3
Пространство между

Коды, смерть и Седьмой струнный квартет, op. 108 (1960)[1]

Кода I части Седьмого струнного квартета длится всего 15 тактов. Как показано в примере 3.1, начальные четыре такта состоят из мелодической линии легато, которая по мере убывания затухает. За этой музыкой следуют 11 тактов тематической идеи в ритме анапеста, которая в заключительных тактах продолжает смягчаться и параллельно замедляется.

На рис. 3.1 показано, что в этой части мы видим не разработку, а краткий девятитактный предыкт, соединяющий область побочной темы экспозиции с возвращением материалов из основной области в репризе.

Первые четыре такта коды (пример 3.1) на самом деле являются модифицированной версией этого предыкта (показанного в примере 3.2). Оставшаяся часть коды (R. 16.5ff) взята из второй половины вступительной темы (тема A), начинающейся в R. 0.8 (см. пример 3.3). Таким образом, кода черпает свой материал из предыкта и второй части темы A. Лаконичность коды, как ничто другое, наводит на мысль о том, что, несмотря на обращение к предшествующему музыкальному материалу, его функция вряд ли может быть компенсаторной (по крайней мере в том смысле,

---

1 У Седьмого струнного квартета есть посвящение — «Памяти Нины Васильевны Шостакович», первой жены Шостаковича, которая скончалась примерно за пять лет до создания квартета.

Пример 3.1. Квартет № 7, I часть, кода

Экспозиция		
R. 0	Область основной темы (P) — Тема A	f♯
3.3	Переход 1	f♯ — (c) — E♭/f♯
5	Область побочной темы (S)	E♭
Предыкт		
8		E♭ — f♯
Реприза		
9	Область основной темы	f♯
11.10	Переход 1	f♯ — (c) — E♭/f♯
13	Область побочной темы	f♯
Кода		
16	Предыкт и материалы P	f♯

Рис. 3.1. Квартет № 7, I часть, краткий обзор

Пример 3.2. Квартет № 7, I часть, переход от экспозиции к репризе

Пример 3.3. Квартет № 7, I часть, основная тема (тема А)

в каком этот термин обычно понимается, — как «исправление» или реакция на события, полноценно не отраженные в самой сонате), поскольку две темы более ранних этапов этой части появляются вновь в усеченной форме и никак не развиваются[2].

---

2 Дискуссию относительно компенсаторной функции коды см. [Caplin 1998: 179–191].

Кода не только не восполняет задачи разработки, но и подчеркивает ее отсутствие; она имитирует простой предыктовый переход от экспозиции к репризе. Такой же поворот событий кода проводит и на микроуровне, где за материалами предыкта следует материал, взятый из вступительной темы[3]. С этой точки зрения кода оставляет впечатление чуждости по отношению к данной форме, очевидно, не выполняя никакой функции в рамках формальной парадигмы.

К теории коды: кода как восполнение

Хотя эта кода и кажется инородной данной форме, в надлежащем виде она, по мнению большинства, не может являться излишком и всегда необходима художественному целому. В случае с I частью Седьмого квартета кода вносит свой вклад в целое, подчеркивая структурное завершение части за счет циклического сокращения музыкального материала. Таким образом, кода будет иметь две противоположные интерпретации — с одной стороны, это внешнее, несущественное для формы образование, а с другой — нечто абсолютно незаменимое для музыкальной цельности. Преодолеть это видимое противоречие можно через

---

3 Эту коду можно рассматривать как пример того, что Хепокоски и Дарси назвали бы видом ротационной коды, где кода (пере)оборачивается сквозь тематический паттерн, который установился с самого начала части. Тем самым часть произведения, составленная из ротационных структур, представляет собой набор циклов паттерна (с соответствующими корректировками). При такой простоте I части Седьмого квартета кода тем не менее начинается с материала, взятого из *окончания* раздела P. Рассмотрение видов коды и ротаций см. [Hepokoski, Darcy 2006: 283–286]. Подробное рассмотрение термина «ротация» см. [Ibid.: 611–614]. Хепокоски и Дарси отмечают, что, хотя большинство репризных ротаций начинаются в тонике и субдоминанте, чаще всего в качестве альтернативной тональности используется тональность субмедианты [Ibid.: 268]. Здесь ротация в коде начинается на VI ступени, что можно расценивать как еще один способ подчеркивания кодой того факта, что этой части произведения недостает разработки, ведь вводится тональность, в которой могла бы начаться пропущенная разработка. В то же время, начиная репризу в субмедианте (ре мажор), кода предвосхищает тонику II части — ре минор.

рассмотрение теоретической функции коды. Тем не менее теория сонатной формы ничего определенного о ней не говорит. Джозеф Керман отмечает, что «заведомо несовершенный инструмент, коим является теория сонатной формы, полностью разваливается в коде», поскольку, согласно теории, сонатная форма должна завершаться уже к концу репризы [Kerman 1982: 141]. Керман обходит эту трудность следующим образом: кода «является единственным понятием, которое относится не к музыкальной функции, но к простому расположению» [Ibid.]. Очевидно, что кода — это то, что следует за окончанием репризы. Действительно, в «Новом гарвардском словаре музыки» утверждается, что кода «не имеет отношения к форме» и в этом качестве выступает «любой заключительный пассаж, который может восприниматься как возникающий после структурного завершения <...> и который служит формальным завершающим жестом»[4]. В статье справочника *Revised New Grove* кода также описывается как «дополнение <...> к стандартной форме» [Bullivant, Webster 2001]. Определяя ее как нечто экстерриториальное по отношению к самой форме, обе статьи сходятся в том, что кода тем не менее стала привычной чертой постбетховенских сонатных форм. Если это так, то можно предположить, что она выполняет в такой музыке более определенную функцию.

Две недавние работы, посвященные форме, еще больше подчеркнули неоднозначную в этом смысле роль коды. Уильям Каплин, например, превращает роль коды как определителя места в функцию: «Основная функция коды — выражать темпоральное свойство “после окончания”». Тем не менее он же утверждает, что кода «служит общим завершением части». Каплин сразу же признает, что обе эти функции противоречат друг другу, но утверждает, что сложность классических форм приводит к двум, казалось бы, противоположным дефинициям [Caplin 1998: 179]. Такая противоречивая роль коды уже отмечалась ранее. Роберт Хопкинс отмечает, что термин «кода» — это слово, которое «должно отно-

---

[4] The New Harvard Dictionary of Music / Ed. by D. M. Randel. Cambridge: The Benknap Press of Harvard University Press, 2003. Наим. «coda».

ситься не только к заключительному разделу, “внешнему по отношению к форме”, но также и <...> к заключительному разделу, существенному для формы» [Hopkins 1988: 399]. В работе «Элементы сонатной теории» Хепокоски и Дарси отделяют коду от того, что ей предшествует, определяя ее как «парагенеративное пространство» [Hepokoski, Darcy 2006: 281–305][5], которое «находится вне сонатной формы» [Hepokoski, Darcy 2006: 283].

Длительность коды может варьироваться от нескольких тактов, что может привести к ярлыку «излишней»[6], до целых сотен, за счет чего она, вероятно, способна играть важную роль в произведении. Длинные коды объясняются композиционно необходимыми, поскольку композитору требовалось устранить некую «проблему», возникшую к этому моменту в произведении. В подобных случаях кода выполняет то, что Каплин называет «компенсаторной функцией». Кода играет роль места, где произведение возвращается к некой «проблеме», не до конца проработанной ранее в этой части произведения (или в произведении как целом). Однако не каждая кода исполняет компенсаторную функцию. Хепокоски и Дарси называют более длинные коды «дискурсивными», заявляя, что они представляют собой «отдельные картины, добавочное завершение после главного события» [Hepokoski, Darcy 2006: 284–286]. Авторы отмечают, что, поскольку кода выходит за рамки сонатных условностей, с ней можно обращаться достаточно свободно. Это может иметь, как утверждают Хепокоски и Дарси, провокативный подтекст: «Само по себе существование коды — в особенности более длинной — может бросать вызов предшествующей сонате» [Ibid.: 283]. Таким образом, у коды есть возможность выделять предшествующую часть сонаты как неудовлетворительную и неполноценную [Ibid.][7]. Тем не менее в конечном итоге можно утверждать, что, хотя не-

---

[5] Глава 13 в их книге называется «Парагенеративные пространства: кода и вступление».

[6] The New Harvard Dictionary of Music, наим. «coda».

[7] Использование у Хепокоски и Дарси термина «неполноценный» (inadequate) отсылает к [Rosen 1988: 297].

которые коды можно воспринять как компенсаторные, а все целиком как парагенеративные, общее предназначение коды определить невозможно.

Как противоречащие друг другу функции у Каплина, так и парагенеративные и риторические подходы Хепокоски и Дарси предполагают, что кода функционирует как то, что Деррида называет «восполнением» (supplement)[8]. Объясняя термин Деррида, Джонатан Каллер пишет, что это «незначительное дополнение, добавляемое к чему-то, что завершено само по себе, но восполнение добавляется для того, чтобы дополнить, компенсировать недостаточность того, что должно было быть завершено само по себе» [Culler 1982: 103]. Согласно Деррида, такое обоюдоострое значение предполагает, что кода «есть нечто внешнее по отношению к той позитивности, к которой оно добавляется» [Деррида 2000: 296], подобно рамке, которая находится за пределами картины, но служит для ее определения[9]. Воспринимаемая как восполнение, кода служит наружным и необходимым средством обрамления формы: музыка, звучащая после окончания произведения, выступает, по словам Джеймса Уэбстера, как «гигантская слабая доля» [Webster 2001: § 3.iv.]. Тем не менее роль коды важна: она завершает произведение и определяет его границы. Иными словами, мы знаем форму произведения, поскольку кода определяет окончание.

Определение коды через концепт восполнения может помочь объяснить то, что Александр Ивашкин, рассматривая коды у Шостаковича и Шнитке, описывает как иррациональность коды:

---

[8] Деррида проводит концепцию восполнения через всю главу II «О грамматологии» [Деррида 2000]. Майкл Кляйн пользуется концепцией восполнения, предложенной Деррида, при описании коды в Интермеццо ля мажор, ор. 118, № 1 Брамса. См. [Klein 2005: 99, 156–157, № 26].

[9] Другой взгляд на представления Деррида о приемах обрамления применительно к музыке можно найти в статье Ричарда Литтлфилда «Молчание рамок», где автор пользуется концепцией Деррида о том, что рамки становятся чем-то бóльшим, нежели просто орнаментикой, — поскольку именно благодаря рамкам определяется художественное произведение, — и расценивает тишину как действующую подобно рамкам в музыкальных произведениях [Littlefield 1996].

музыка не поддается «кодификации» и не может «разъясниться логически» [Ivashkin 1995: 259–260]. Ивашкин не единственный, кто отметил энигматическую природу коды. Указывает на это и Хепокоски: «То, что может происходить в кодах — которые бывают ярким художественным излишком, экстравагантной исключительностью или проявлением высокого мастерства, — не должно восприниматься доказательством того, что́ в них изначально должно было произойти» [Hepokoski 2002: 112]. Скотт Бернхэм аналогичным образом высказывается по поводу код Бетховена: «Независимо от формальной функции, которую мы приписываем коде, остается подозрение, что кода на самом деле не является строго необходимым, органичным и структурно неизбежным продолжением того, что ей предшествует» [Burnham 1995: 53]. Таким образом, вероятно, при толковании функции коды следует сосредоточиться на вопросах, отличных от структуры, и исследовать вместо этого то, каким образом кода может символически действовать в качестве восполнения.

Если мы хотим использовать концепт восполнения в качестве интерпретационного инструмента для объяснения символической роли коды, то возникает вопрос: что может символизировать кода в качестве восполнения? В книге «О грамматологии» Деррида раскрывает философскую связь между восполнением и смертью, заявляя, что «главное слово из ряда восполнений — смерть» [Деррида 2000: 343]. Смерть — это, так сказать, восполнение жизни, поскольку через идею смерти (того, что наступает после окончания жизни) мы оказываемся способны структурировать жизнь. Смерть является чем-то внешним по отношению к жизни, в то же время сигнализируя об окончании жизни. В этом смысле смерть полностью выходит за рамки жизни, сохраняя при этом активное символическое значение для интерпретации жизни. Принимая во внимание философские идеи Деррида о значимости восполнения, мы получаем мощный инструмент для исследования и объяснения функций коды. Воспринимаемая в рамках восполнения, кода, возникая после окончания структуры, превращается в означающее «смерти» этой части: она дает жизнь остальной музыке.

Как уже говорилось ранее, кода I части Седьмого струнного квартета восполняет то, что начиналось как удивительно несложная для Шостаковича сонатная форма, поскольку в ней четко разграничены основная и побочная области, а также экспозиция и реприза. В I части примечательно и то, чего ей *недостает,* а именно — раздела разработки и разработочных техник, используемых в достаточных объемах в других разделах. Эта часть на самом деле необычна из-за абсолютной простоты тематического изложения[10]. Как я отметила в начале главы, эта кода не компенсирует нехватку разработки. Являясь сокращенным повторением хода к репризе, она не выполняет никакой функции в рамках формы, а лишь служит голословным подтверждением завершения, что лишь еще больше подчеркивает разработочную неполноценность сонаты. Кода выделяет сонату как неполную, однако не за счет своей значительной продолжительности, дабы «бросить вызов» предшествующей сонатной форме, как утверждают Хепокоски и Дарси, но из-за того, что она повторяет неполноценность сонаты. Тем не менее благодаря проявлению данного недостатка кода эффективно знаменует окончание части. Как видно из примера 3.1, кода создает эффект установления границ и подчеркивает завершение при помощи сокращенных тематических сегментов, смягченной динамики, обозначения *ritenuto*

---

[10] Все формы начальных частей шести предыдущих квартетов Шостаковича в некоторой степени различаются, но общая черта у них все же имеется (с одним исключением) — значительное использование разработочных техник, что еще раз подчеркивает недостаток разработочного процесса в I части Седьмого квартета. (Кун утверждает, что все они являют собой, если следовать определению Хепокоски и Дарси, «неудавшиеся» сонатные формы, где реприза не разрешает тональный конфликт части.) I часть Первого струнного квартета больше всех схожа с I частью Седьмого квартета, поскольку написана в форме АВАВ с кратким переходным разделом между экспозицией и репризой. Сложность при интерпретации этой части в том, что Шостакович изначально задумывал эту часть как финал Первого струнного квартета, а финал — как I часть. В финале имеется полноценный раздел разработки. Кун рассматривает возможные причины и интерпретационные последствия таких композиционных изменений в своей книге в главе, посвященной Первому квартету. См. [Kuhn 2005: 37–41, 52–59] и [McCreless 2009].

и удлиненного анапестового ритма звучания тонического трезвучия в последних тактах.

Возвращаясь к взаимосвязи между восполнением и смертью, выявленной Деррида, мы можем воспринимать эту коду как означающее «смерти» данной части — кода появляется после ее завершения, подтверждая, что музыкальная жизнь этой части, так сказать, окончена. В выразительном плане символизация «смерти» части создается за счет сокращенных «вспоминаний» предыдущего музыкального материала.

Новые вопросы относительно роли коды в этом квартете возникают, когда мы слышим, как та же самая кода возвращается при окончании III и IV частей Седьмого квартета. Сравнивая примеры 3.4 и 3.1, мы видим, что эти два отрывка практически идентичны, хотя Шостакович вносит небольшие изменения. В окончании коды I части все инструменты исполняют *ritenuto*, а для виолончели стоит указание играть выразительно. Это дает исполнителям определенную свободу в том, как играть заключительные ноты. В финале составляется *ritenuto* из I части (и длительность нот меняется с восьмых в каждом такте до четвертных через каждые два такта), которое еще больше подчеркивается обозначением *morendo* — музыка затихает, буквально «умирает». Здесь широта выразительной свободы, обнаруженная в конце I части, сокращается, а детали *ritenuto* закрепляются в партитуре. Еще одним заметным изменением во второй версии является отсутствие фирменного для Шостаковича анапестового ритма — ключевой фигуры для квартета в целом, — а его характерный профиль частично размыт из-за метрического сдвига от $\frac{2}{4}$ в I части к $\frac{3}{4}$ в III части. Сравнивая эти два примера, можно заметить, что остатки анапестового ритма проявляются только один раз в коде к III части, в финальном аккорде, теперь растянутом на несколько тактов в составляемом распаде. В заключительных тактах квартета анапестовая фигура, казалось бы, исчезает вместе со звуком. Таким образом, несмотря на одинаковое звуковысотное наполнение, две итерации коды имеют внешне незначительные, но существенные различия. Такое в высшей степени необычное возвращение звуковысотного материала —

Пример 3.4. Квартет № 7, III часть, кода

в сочетании с едва заметным, но значительным изменением риторики — немедленно вызывает вопросы, связанные с интерпретацией причин, стоящих за одновременно столь точным возвращением в сочетании со значительными изменениями. Более того, если на каком-то уровне коду к I части можно истолковать как символизацию ее «смерти», то следует задаться вопросом, что означает возвращение этой музыки в финале. Другими словами, почему Седьмой струнный квартет должен умереть дважды? И что же происходит между этими двумя смертями?

Две смерти и пространство между

Согласно Жижеку, идея двух смертей — это культурный троп, глубоко укорененный в психике современного субъекта [Žižek 1992: 21–47; Žižek 1989: 131–149; Жижек 1999]. Для Жижека две смерти означают культурное различие между действительной и символической смертью; интервал между промежутками времени от смерти до похорон. В большинстве случаев первая смерть является «попросту» буквальной: нечто перестает существовать. Вторая смерть, напротив, является фигуральным и символическим обрядом, который признает действительность первой смерти. При должном исполнении символическая смерть во время погребального обряда действует как средство признания смерти и вписывания памяти или символической силы умершего в традицию общества. Другими словами, если мы должным образом похороним умерших, они, образно говоря, продолжат жить в воспоминаниях[11].

Но что, если мы не сможем похоронить мертвых? Что, если мы не сможем должным образом вписать память об умерших в культурную память? Согласно Жижеку, когда вторая смерть — обычно с надлежащими похоронами — не наступает, образуется некое пространство, в котором обитают живые мертвецы. Наиболее яркие примеры, приводимые Жижеком, связаны с ГУЛАГом и Холокостом, жертвы которых «продолжат преследовать нас как живые мертвецы, пока мы не устроим им достойное погребение, пока мы не интегрируем травму их гибели в нашу историческую память» [Žižek 1992: 23]. Живые мертвецы — это призраки, которые возвращаются, чтобы преследовать нас. Чаще всего, как и в случаях с ГУЛАГом и Холокостом, такое пространство возникает оттого, что живые не могут оставить мертвых в покое. Од-

[11] Хотя с точки зрения общества это общие формы двух смертей, порядок, в котором за реальной смертью следует символическая, не установлен, ведь символическая смерть может наступить до того, как человек перестанет существовать. Например, в католицизме исповедь на смертном одре позволяет человеку символически умереть перед буквальной смертью.

нако пространство может появиться и тогда, когда умершие не осознают, что они мертвы, или когда кто-то умирает символически прежде, чем умереть буквально[12]. Примерами из современности являются заключенные, приговоренные к смертной казни, которых государство казнит символически перед их реальной смертью. Образовавшееся пространство может оказаться местом, полным «возвышенной красоты», как в случае Антигоны, чье стремление во что бы то ни стало достойно похоронить брата наполнило ее существо благородным великолепием[13]. Ужасающие монстры, шаблонные версии которых демонстрируются в самых разных современных фильмах ужасов, также обитают в этом пространстве, что Жижек не единожды искусно иллюстрирует [Žižek 1992: 21–22]. Чаще всего такое пространство оказывается местом для тех, кто оказывается между — для изнуренных призраков из тех, кто ушел безвременно и ищет покой[14].

Как отмечалось ранее, способы признания смерти в обществе требуют, чтобы за фактической смертью должным образом последовала смерть символическая, которая вписывает память об умерших в общественную традицию. Использование этой модели в качестве средства интерпретации Седьмого квартета выявляет «смерть» I части, за которой следует похоронный обряд во II части.

---

[12] Ярким примером того, как человек не осознавал своей смерти, для Жижека является Наполеон, чья политическая жизнь на европейском континенте была умерщвлена, но, поскольку он этого не признал, ему пришлось потерпеть поражение во второй раз при Ватерлоо [Žižek 1992: 44].

[13] Антигона — еще один пример того, кто умирает символически прежде, чем умереть буквально.

[14] Примером живых мертвецов в современной литературе являются «танатоиды» в «Винляндии» Томаса Пинчона. В «Винляндии» те, кто обладает «танатоидной личностью», определяются «как смерть, только иначе» (170) и «ограничены <...> историей и правилами неравновесия и его восстановления в том, чтобы чувствовать хоть что-то помимо своей нужды возмездия» (171) [Pynchon 1999].

Похоронный обряд

В I части верхняя нота финального аккорда (до-диез) становится вводным тоном, который разрешается непосредственно в аккомпанирующее арпеджио во II части, образуя сюрреалистический ре-минорный ноктюрн в форме ABA′[15]. Часть Lento, отмеченная на всем протяжении как *con sordino*, начинается с раскатов арпеджио устойчивыми шестнадцатыми, сыгранными второй скрипкой (раздел A II части (R. 17–19.10)). Эти арпеджио поддерживают навязчивую мелодию (которую я буду называть темой B по отношению к материалу из I части, который я назвала темой A), исполняемую первой скрипкой в верхнем диапазоне (R. 17.5–18.3) и затем повторяемую в слегка измененном и усеченном виде виолончелью, опять-таки практически на верхнем краю диапазона инструмента. Вступление этой темы сразу же отсылает к предшествующей коде, поскольку первые четыре высоты звука темы B (R. 17.5–7) взяты непосредственно из коды, со второй высоты звука по пятую (см. R. 16.1–5) [Grönke 2006]. В разделе B (R. 19.10–21.13) вторая скрипка вновь играет аккомпанемент, на этот раз в пунктирном ритме восьмыми и шестнадцатыми, что является распространенным клише для похоронного марша. Диапазон мелодии вновь находится у предела, так как виолончель и альт играют параллельные октавы в нижней части своих диапазонов. После того как нижние инструменты завершают проведение мелодии, ее повторяет первая скрипка. Усеченная версия раздела A возвращается в R. 22, завершая эту часть.

Крайности диапазонов во II части, *con sordino* вкупе с медленным аккомпанементом в пунктирном ритме и длинной, сыгранной

---

15 Превращение консонантной до-диез во вводный тон к ре как средство связывания частей квартета attacca имеет прецедент у Бетховена в op. 131, где тонический в I части до-диез становится вводным тоном к ре мажору II части. Для рассмотрения этого примера и использования аналогичного перехода в op. 18, № 3 см. [Hatten 1994: 150]. Также обращаю внимание, что Седьмой квартет заканчивается до-диезом в верхнем голосе, за которым «следует» ре в виде первой звуковой высоты Восьмого квартета (в другом регистре).

в нижних частотах мелодией, углубленной удвоенными октавами, предполагают ассоциации с похоронной процессией и периодом траура. Как уже отмечалось, первые четыре звуковые высоты вступительной темы взяты непосредственно из коды, которую я интерпретирую как означающее смерти в предыдущей части. Кроме того, Мак-Крелесс отмечает, что мелодия раздела B «наводит на мысль» о пассакалии, связывающей сцены 4 и 5 оперы Шостаковича «Леди Макбет Мценского уезда», и что она исполняется в том же тембре, что и в «Леди Макбет» (Фаннинг устанавливает связь между двумя музыкальными сегментами при помощи общей звуковысотности)[16]. Эта интерлюдия знаменует собой важный поворотный момент в опере, поскольку сцена 4 завершается отравлением Катериной своего свекра Бориса — первой из многочисленных безвременных смертей в опере. Одним словом, средний раздел Lento Седьмого квартета отсылает к музыке, которая практически следует за смертью в опере, интертекстуально усиливая «посмертный» аспект II части.

С точки зрения парадигмы «кода/восполнение/смерть», квартет воплощает традиционный культурный троп реальной смерти, за которой следует смерть символическая, что подчеркивается предположительным исполнением во II части похоронного обряда по поводу смерти, выделенной кодой I части. Тем не менее такая трактовка означала бы, что произведение к этому моменту уже исчерпало себя: как и в случае с кодой, заключительная часть казалась бы абсолютно излишней. Однако поскольку II часть состоит лишь из 76 тактов, она не способна быть отдельной, самостоятельной: сама по себе она кажется слишком короткой, незавершенной, а ее окончание — неустойчивым. В ее пустотелости есть что-то от вынужденной скорбности: подобно преждевременным похоронам, эта часть оставляет вакуум в имеющейся ламентации. Хотя тембральные крайности мелодических идей и указывают на боль скорби, кажется, будто субъект ламентации

---

[16] Мак-Крелесс и Фаннинг также отмечают, что мелодия из раздела A II части, по словам Мак-Крелесса, «сильно напоминает главную тему из I части Пятой симфонии» [McCreless 2009; Fanning 2004: 42].

Пример 3.5. Квартет № 7, II часть, финальные такты

отсутствует. Пометка *con sordino*, тонкое, сдавленное звучание, вызванное строгостью диапазонов, и пустотелые параллельные октавы в виолончели и альте придают церемонии ощущение опустошенности. Не используя метафору похорон, Фаннинг выделил общее ощущение отсутствия в Седьмом квартете, отметив, что «постоянное “отсутствие” инструментов» еще больше усиливает это впечатление [Fanning 2004: 32, 42]. Во II части это отсутствие заметно особенно; все четыре инструмента вместе играют лишь в 18 из 76 тактов.

В примере 3.5 показано завершение части, где виолончель держит бурдон на ре, а вторая скрипка молчит. Первая скрипка играет апатично-вялую мелодию, состоящую из ми-бемоль, ре, до и си — звуковысот, которые составляют мотив DSCH и входят в звуковысотный класс [0134]. За четыре такта до конца аккомпанирующая фигура у альта постепенно затихает, когда второй и третий такт переходят в нисходящие восьмые, которые образуют еще один нисходящий тетрахорд в звуковысотном классе [0134] (без использования звуковысот из мотива DSCH). В предпоследнем такте все инструменты замирают на сильной доле, но только для того, чтобы после паузы альт вступил с тем же протяжным тетрахордом (обозначенным мотивом А, см. пример 3.5). В последнем такте данной части образуется тишина — эта тишина должна быть внесена в партитуру, так как III часть начинается *attacca*.

В двух звуковысотных рядах (сетах) [0134] заключительных тактов II части мы слышим кульминацию перехода этого сета от скрытых, глубинных элементов к поверхности музыкальной фактуры. Этот сет впервые возникает как бы случайно, незаметно появляясь в первых тактах произведения (в первой доле второго такта, когда первая скрипка играет до-диез, до-бекар, си-бемоль и ля-бекар), но постепенно перемещается на более открытые места, а его окончательный вид проявляется в партии виолончели в коде I части (R. 16.2–3). II часть включает бросающиеся в глаза примеры этого сета в аккомпанементе. В разделе A вторая скрипка отходит от раскатов арпеджио, которые определяют ре минор, и намечает сет [0134] (R. 17.11). Это происходит также и в разделе B, где, в течение первых 13 тактов играя лишь до-диез, вторая скрипка отходит от него, вновь определяя этот сет. Кроме того, как отмечалось ранее, заключительная фраза первой скрипки создает другую его версию. Как утверждает Ричард Лонгмэн, «в Седьмом квартете лейтмотивная тема раскрывается лишь понемногу» [Longman 1989: 181][17], и с заключительными нотами у альта во II части мотив завершает свой переход из скрытых глубин к поверхности музыкальной фактуры.

На поверхностном уровне этот мотив не создает ощущения гармонической стабильности окончания II части. В то время как в заключительных тактах виолончель проводит бурдон на тонике ре, ни первая скрипка, ни альт не помогают надежно завершиться в родной тональности. Во-первых, первая скрипка игнорирует тоническое трезвучие, играя си (6Ш). Во-вторых, в то время как ♭3Ш и 5Ш (или их энгармонический эквивалент) закрепляют мотив A, октатоническими свойствами этого сета создается хроматизм, в сочетании с амбивалентностью мажора/минора фа и соль-бемоль (т. е. фа-диез) разрушающий любое ощущение стабильности, которое могло появиться. Вместо этого, оканчиваясь мотивом A, эта часть завершается зловеще, с глубо-

---

[17] Майкл Тэлбот соглашается с этим, утверждая, что эта «лейтмотивная фраза» была «ранее скрыта под слоями разработки» [Talbot 2001: 216].

чайшим чувством тревоги. Без синтаксического или риторического завершения она остается нерешенной, а заключение откладывается. Звучит такт тишины: это не тот нефиксированный промежуток времени, обычно разделяющий части, но мгновение чистой пустоты, неустойчивая пауза, которая является чем угодно, но не тактом покоя.

Поэтому окончания как I, так и II части проблематичны, поскольку ни в одной из них не происходит успешное сочетание ощущения завершенности с окончательным завершением. Хотя последние такты I части и создают соответствующее ощущение завершенности, эта часть на самом деле не заканчивается, а непосредственно перетекает во II часть. Вместо подобающего завершения, за которым следует тишина, что подобает означающему смерти, финальный до-диез превращается во вводный тон, а средняя часть следует *attacca*. II часть с точки зрения неоднозначности завершения идет еще дальше; необходим такт тишины, чтобы сформировать некое заключение, поскольку вместе финальный аккорд и мотив A создают тревожное ощущение нестабильности. С наступлением такта тишины похоронный обряд иссякает; часть не может исполнить свою задачу по символическому завершению смерти, обозначенной кодой. Что пошло не так? Почему похоронный обряд не смог привнести завершение?

Нарушение обряда

Происходит «нарушение символического обряда» [Žižek 1992: 23]. В самом конце II части появление мотива A сигнализирует о том, что что-то пошло не так; пространство между двумя смертями так и не сократилось. В развернутом виде эта неисправность повторяется в третьем такте вступления III части, когда скрипки и виолончель прерываются альтом, повторяющим мотив A протяжными целыми нотами. Как показано в примере 3.6, контраст между вступительным материалом и прерыванием [0134] альта не мог быть сильнее. Вступление, выдержанное в темпе *allegro*, наполняется энергией — возможно, даже чересчур. Первая скрипка исполняет серию восходящих анапестов, образованных двумя шестнадцатыми и восьмой нотами (переработанная инверсия материала, открывающего I часть). Акцентированные стаккатированные ноты во второй скрипке и виолончели еще больше подчеркивают самую длинную ноту анапеста, и у всех трех инструментов стоит динамическое обозначение *fortissimo*. Альт, с другой стороны, играет целые нисходящие ноты на *pianissimo* в низкозвучащем стенании, которое прерывает музыкальный поток.

Можно возразить, что связь между мотивом А и мотивом DSCH рискованно тонкая, поскольку мотив DSCH включает в себя определенный порядок конкретных тонов, а мотив А представляет собой неупорядоченный звуковысотный ряд (сет)[18]. В дополнение к потере своего статуса-наименования при рассеивании мотива DSCH до сета [0134], из-за энгармонической эквивалентности важный и определяющий материал мотива утрачивается. В частности, мотив DSCH намечает уменьшенную кварту между ми-бемоль и си (это качество Шостакович использует в Восьмом струнном квартете, когда мотив разрешается внутрь себя, в до минор). Тем не менее есть причины, помимо общего звуковысотного ряда (сета), связывать мотив А с мотивом DSCH. При первом появлении мотив А возникает из аккомпанемента одновременно с тем, как первая скрипка спускается по тонам мотива DSCH. Кроме того, при преобладании сета [0134] в Седьмом квартете — в окончании II части, вступлении к III части и в начале субъекта фуги — контур уменьшенной кварты в мотивной клетке сохраняется[19].

Сравнение примеров 3.3 и 3.6 показывает, что вступление к III части перерабатывает начало произведения в сильно искаженном виде. Анапестовая партия у скрипки представляет собой переработанную инверсию анапестов, с которых начиналась предыдущая часть. Переработка чрезвычайна: если I часть начи-

---

[18] Колин Мэйсон также выявляет взаимосвязь между мотивом А и мотивом DSCH. См. [Mason 1962: 533].

[19] Благодарю Левона Акопяна за указание на возможную потерю характерной уменьшенной кварты из-за абстрагирования мотива DSCH в звуковысотный ряд (сет).

Пример 3.6. Квартет № 7, III часть, вступление

налась с сольного проведения при ♩ =120 и динамическом обозначении *piano*, то в финале ♩ =170 с акцентными стаккатными нотами в двух аккомпанирующих инструментах, которые подчеркивают длинную ноту анапеста, и все инструменты исполняют *fortissimo*. Несмотря на громоподобную динамику, всем инструментам предписано играть *con sordino*, такое сочетание Эсти Шейнберг описывает как «изначально противоречивый способ исполнения» [Sheinberg 2000: 202]. Это противоречие еще больше подчеркивает сюрреалистический аспект пространства, в котором сейчас звучит музыка. По сути, мелодичность I части выливается в жестокость в III части, становясь первым из множества бесцеремонных вторжений материала предыдущих двух частей[20].

[20] Шейнберг считает, что начало I части имеет противоречивое значение из-за наличия как эйфорического (веселого и жизнерадостного), так и дисфорического (жестокого и навязчивого) смыслов. Ее аргумент в пользу дисфори-

Более того, пример 3.6 показывает, что все анапесты III части являются сетами [013], являющимися субрядами звуковысотного сета [0134]. Пример 3.7 иллюстрирует, что эти сочетающиеся восходящие [013] мотивы выводятся из перехода I части (R. 3.3–3.12). Теперь, во вступлении, сет [013] мелодически представлен в первой скрипке, а гармонически — скрипками и виолончелью в последней доле анапеста, насыщая музыку своей звучностью [013]. Фанатичное использование сета [013] во вступлении указывает на то, до какой степени сеты [013] и [0134] наполнят последующую музыку.

Вступлению приходится начинаться заново после прерывания мотивом A в партии альта в R. 23.4–7. И после полноценной версии вступления альт снова берет верх над остальными тремя инструментами. Однако теперь альт играет не мотив A; вместо этого он со значительной интенсивностью пересекает шестнадцатыми нотами в *fortissimo* два новых накладывающихся друг на друга сета [0134] (фа-диез, соль, ля, си-бемоль и ля, си-бемоль, до, до-диез). После повторения этой идеи альт переходит к пунктирному мотиву восьмыми/шестнадцатыми, который отсылает к похоронному маршу в аккомпанементе раздела B II части (см. R. 19.10–21.13). Пример 3.8 показывает, что пробегающие в качестве основного мотива[21] шестнадцатые и — в качестве побочного мотива — пунктирные восьмые/шестнадцатые ноты, завер-

---

ческих обозначений заключается в том, что «тональность далека от ясности, а размер постоянно изменяется, создавая своеобразное ощущение нездорового веселья» [Ibid.]. Кажется, что мы слишком настойчиво пытаемся найти гротеск в музыке Шостаковича, поскольку, несмотря на изменение размера в каждом такте, ритм, который мы слышим, довольно устойчив; и хотя мотив полон пониженных нот, каждая из них переходит непосредственно в тоническую ступень, каждый длинный такт анапеста представляет собой тоническую ступень (где три из пяти тонов образуют трезвучие), а заключительный анапест намечает тоническое трезвучие, прочно помещая тему в пониженную версию фа-диез минора. См. [Ibid.: 198–202].

[21] В тексте оригинала — *as the head*: так как речь идет о субъекте фуги, из-за отсутствия установленного перевода выбран эквивалент «основной мотив»; ниже аналогичным образом трактуется *as the tail* — «побочный мотив». — *Прим. ред.*

Пример 3.7. Квартет № 7, I часть, переход от P к S

Пример 3.8. Квартет № 7, III часть, субъект фуги

шающиеся финальным скачком на чистую кварту, создают субъект последующей фуги. Помимо очевидной связи с мотивом А, идея темы — сет [0134], представленный проносящимися шестнадцатыми, — впервые появляется в разделе А II части (R. 17.11ff); он также связан с анапестовым ритмом, который звучит как в восходящей, так и в нисходящей форме, причем заключительная восьмая просто трансформируется в две шестнадцатые, что делает возможным непрерывный поток шестнадцатыми. Как и в предшествующем вступлении, субъект фуги создается целиком из музыкального материала, ранее уже использованного в произведении.

Фуга как звуковой образ Реального

Взятые вместе, три части Седьмого квартета можно считать отсылками к крупной сонатной форме, причем первые две части действуют как экспозиция, а III часть дает и разработку, и репризу (см. прим. 3.2)[22]. С этой точки зрения раздел фуги становится разделом разработки крупной сонатной формы. Фуги, выступающие разделами разработки, в музыкальной литературе встречаются, Шостакович сам прибегал к этому ранее, в I части Третьего струнного квартета. Но фуги-разработки не являются нормой, поскольку более распространенной композиционной процедурой в разделе разработки считается не столь строго выстроенная контрапунктическая имитация. С семиотической точки зрения, если использовать концепцию Хаттена о выделенности в музыке, фуга-как-разработка выделена, в отличие от разработок в целом[23]. Обладая свойством выделенности, фуга/разработка обладает бо́льшим смысловым своеобразием, чем раздел разработки в общем смысле. Такой более узкий диапазон значений обусловлен различиями между трактовкой музыкальных идей в рамках более стандартной, невыделенной разработки и в фуге.

В чем же тогда различия между «стандартной» разработкой и разработкой-фугой, которые могли бы придать музыке более конкретный смысл? Первая проблема, возникающая при ответе на этот вопрос, заключается в том, что разработки, как и коды, не имеют четко определенного набора композиционных стратегий. Хепокоски и Дарси отмечают, что может быть применен широкий

---

[22] Роузберри, называя Седьмой и другие квартеты Шостаковича, в которых «повсеместно используется сонатный концепт», «квартетами непрерывности», кратко рассматривает Седьмой струнный квартет как крупную форму. См. [Roseberry 1989: 266, 295 (схема Седьмого струнного квартета)]. Мак-Крелесс отмечает, что подобная интерпретация может вызывать проблемы, поскольку I часть сама по себе находится в сонатной структуре, а фуга ориентирована на фа-диез минор, тонику произведения. Тем не менее он утверждает, что, рассматривая квартет как крупную сонатную форму, «можно предположить, до какой степени квартет преуспевает в создании общей одночастной формы» [McCreless 2009].

[23] См. Вступление.

Экспозиция
I часть (тема A)
II часть (тема B)
Разработка
III часть: фуга
(возвращение темы A и темы B в кульминации)
Реприза
III часть: постлюдия
(возвращение субъекта фуги и темы A, новой мелодической идеи)
Кода
Отсылка к коде из I части

Рис. 3.2. Квартет № 7, крупная сонатная форма

спектр стратегий, и к каждой разработке следует подходить индивидуально [Hepokoski, Darcy 2006: 228]. Тем не менее мы можем определить, чего, *как правило*, нам следует ожидать в ходе разработки. В своей книге, в начале главы о разработках, Хепокоски и Дарси отмечают, что наиболее характерная процедура содержит в себе «проработку экспозиционного материала» [Hepokoski, Darcy 2006: 195]. Разделы разработки обычно включают в себя сознательное изменение ранее услышанного музыкального материала (или, возможно, нового материала), где этот материал часто испытывает значительные изменения за счет вариаций, трансформаций и других видов переработки. По словам Каплина, это часто включает в себя демонстрацию модели идеи, которая затем подвергается секвенцированию и ликвидации, ведя к дезинтеграции или существенному изменению первоначальной модели [Caplin 1998: 139–159][24]. В результате возникает множество возможностей, которые не так просто классифицировать. Темы фуги,

[24] Для ознакомления с критикой концепции «модель — секвенция» Каплина при анализе разработок (эта модель, как признает сам Каплин, не охватывает все разработки) см. [Hepokoski, Darcy 2006: 228–229].

с другой стороны, не подлежат существенной переработке, поскольку коренное изменение субъекта фуги противоречит основному закону фугического письма. Субъекты фуги могут преобразовываться посредством увеличения, уменьшения, обращения, мотивного развертывания и через небольшие изменения, но фундаментальная структура субъекта фуги не меняется. Даже в эпизодах, где субъект фуги может быть фрагментирован, эти фрагменты не перерабатываются полностью, и переработка вторична по отношению к самому субъекту. Таким образом, в то время как традиционный раздел разработки исторически рассматривается как место органичного развертывания музыкальных идей и «созревания» психологического характера, фуга создается путем постоянного повторения неизменного субъекта. Далекая от органичности в том смысле, в каком это проявляется в постоянно изменяющемся разделе разработки сонаты, фуга имеет более механический характер при постоянном повторении одной темы. Таким образом, фугу, как и разработку, можно считать примером одержимости, но она одержима музыкальным субъектом, который никогда не меняется, что дает ей возможность наполнять музыку единой музыкальной идеей[25]. Именно это свойство одержимости характеризует фугу во вступлении к финальной части квартета Шостаковича.

Далее, в разделе фуги, относящемся к финальной части Седьмого квартета, мы видим яркий пример того, что Хаттен называет дисфорической наполненностью[26] в книге «Интерпретация музыкальных жестов, тем и тропов». В ней же он определяет концепцию наполненности как композиционную предпосылку и музыкальный топик. В качестве топика наполненность нуждается в фактурном, регистровом и действенном насыщении. Это

---

[25] В одной из немногих дискуссий, сравнивающих два композиционных жанра, Аугуст Хальм отмечает, что «все, что происходит в фуге, связано с главной темой», в то время как «сонатная форма — форма неутолимая и *экспансивная*» [Halm 1986: 51–52].

[26] См. [Hatten 2004]. Изначальное рассмотрение Хаттеном наполненности можно найти [Ibid.: 43–53]; рассмотрение наполненности и фуг см. [Ibid.: 249–266].

насыщение (или пресыщение) может привести к появлению чувства «наполненного, удовлетворяющего осуществления» [Hatten 2004: 43]. Почти полностью сосредоточившись на положительной стороне наполненности, Хаттен кратко отмечает, что трагическая одержимость может привести к дисфорической наполненности, выделяя в качестве примера часть *Presto* бетховенского ор. 130 [Ibid.]. Позже Хаттен специально использует данный топик и предпосылку к наполненности применительно к фугическим частям позднего Бетховена. В качестве топика наполненность достигается с помощью различных композиционных стратегий, «варьирующихся от параллельных несовершенных консонансов до *stretto*, от тематического интегрирования до двойных и тройных фуг, от насыщенности регистрового пространства до сокращений и тематических слоев, которые помогают насыщать ритмическое и фактурное пространство» [Ibid.: 265]. Присущая фугическим процедурам способность создавать музыку, насыщенную на всех уровнях (фактурном, ритмическом, регистровом и тематическом), позволяет фуге передавать состояние наполненности. Согласно Хаттену, наполненность в качестве предпосылки может определять композиционный процесс, который влияет на формальные процедуры, используемые при сочинении произведения [Ibid.: 265–266]. При этом хочу заметить, что рассмотрение фуг Хаттеном сосредоточено лишь на положительном и нетрагичном использовании наполненности, что, несомненно, происходит из-за репертуара, с которым он работает[27]. Тем не менее по нескольким его упоминаниям о трагическом аспекте наполненности можно с легкостью понять, что у этого топика есть дисфорическая сторона. Хаттен отмечает: «Этот аспект творчества у позднего Бетховена можно понимать как дальнейшую драматизацию и развитие того, что уже присутствовало в драматических и риторических изобретениях Баха — движение к наполненности как фактурному, ритмическому, темати-

---

[27] Однако, прежде чем перейти к детальному обсуждению наполенности и фуг, Хаттен приводит второй пример трагически-навязчивой композиции — финал Фортепианной сонаты ля минор, K. 310 Моцарта [Hatten 2004: 241].

ческому и, наконец, выразительному воплощению» [Ibid.: 266]. В фугах Шостаковича мы можем увидеть новый виток данного процесса, поскольку фуги у него представляют собой «драматизацию» дисфорической наполненности, которая, вероятно, подспудно присутствовала у Бетховена.

Подобно фугам Бетховена, которые рассматривались Хаттеном, фуга в финале Седьмого квартета создает музыкальную ткань, насыщенную на регистровом, ритмическом и фактурном уровнях. Тем не менее как отрицательная наполненность — та, которая, как я утверждаю, требует довольно дисфорического варианта воплощения, — некоторые из маркеров Хаттена, полезные при определении наполненности как воплощения, отсутствуют или изменяются. Например, Шостакович в значительной мере использует диссонантные интервалы, в отличие от сладкозвучных параллельных несовершенных консонансов Бетховена. Кроме того, в этой фуге нет тематической интеграции и манипуляций с субъектом фуги через обращение, увеличение и уменьшение (уменьшение практически невозможно, учитывая структуру субъекта фуги в Седьмом квартете). На самом деле, как мы увидим, тематическое интегрирование и манипуляции с субъектом противоречили бы композиционной предпосылке дисфорической наполненности, использованной в финале Седьмого квартета, поскольку здесь фуга олицетворяет одержимость единственного субъекта, движимого бескомпромиссной целью. Таким образом, фуга-как-разработка в Седьмом струнном квартете постоянно повторяет одну тему, а не перерабатывает ее как музыкальную идею. Хотя субъект фуги выводится из предыдущего материала, она не развивается; вместо этого она лишь может постоянно повторяться. Даже мотивные идеи эпизодов вытекают непосредственно из субъекта, не оставляя выхода из крайне ограниченного музыкального материала. Трактовка субъекта фуги меняется лишь посредством стретто; иными словами, она настолько поглощена своей темой, что не успевает закончиться одна итерация, как начинается другая.

Присущие жанру фуги качества, неизменяемые повторы в сочетании с внутренней структурой субъекта фуги (с ее пробегающими шестнадцатыми и дробным пунктирным ритмом) создают в ней ощущение механистической настойчивости. Таким образом, мы слышим серию навязчивых повторений субъекта, которая в конечном счете обретает форму мотива A. Ранее я утверждала, что происшествия с мотивом A в конце II части и начале III части могут истолковываться как нарушение символического ритуала. Во II части не удалось выполнить задачу по надлежащему упокоению мертвых. В заключительных тактах между двумя смертями образуется брешь, создающая пустое пространство в символическом порядке. Из-за подобных нарушений этот сет становится манифестацией *objet petit a*, пережитком Реального, который Жижек описывает как «возвышенный объект, находящийся в промежутке между двумя смертями» [Жижек 1999: 148]. Сет [0134] как *objet petit a* представляет собой пустоту, отсутствие, которое неизбежно указывает на пустое ядро, вокруг которого строится реальность. Лакан описывает *objet petit a* как «подобие бытия <...> оно, как кажется, дает нам поддержку» [Lacan 1999: 95], и сет [0134] является фундаментальным для сконструированной реальности квартета. Выходя на музыкальную поверхность ближе к концу похоронного обряда, он начинает функционировать как «“тайна”, раскрываемая путем такого анализа», запуская процесс интерпретирования [Жижек 1999: 19]. *Objet petit a* превращается в означающее того, что остается необозначенным: в данном случае — означающее второй смерти. Жижек утверждает, что в пространстве между двумя смертями происходит манифестирование живых мертвецов, движимых, как он это называет, «чистым влечением». Чистое влечение — это сила, лишенная желания; вместо этого мертвые остаются в необычном состоянии, когда ими движет безусловное требование — настаивая на таком требовании, они отказываются участвовать в диалектическом процессе желания [Žižek 1992: 21]. Короче говоря, мертвые упорно продолжают существовать до тех пор, пока не будут изгнаны, пока не будет удовлетворено их требование и они наконец смогут умереть во второй раз.

Это понятие чистого влечения в музыке рассматривалось Наоми Камминг в связи с музыкальным сочинением Стива

Райха «Разные поезда» (*Different Trains*) [Cumming 1997]. Камминг связывает «поезд» в произведении Райха с чистым влечением; репетативное движение «поезда придает явный, объективный вид “реальному”» [Ibid.: 137]. Хотя последовательное повторение субъекта фуги в Седьмом квартете сильно отличается от непрерывного движения «поезда» в «Разных поездах», субъект фуги сохраняется с той же степенью настойчивости. Неумолимость фуги в Седьмом квартете создает музыку, которая кажется поразительно похожей на одно из самых ясных описаний чистого влечения у Жижека: «Запрограммированный автомат, который <...> настаивает на своем требовании <...> без намека на компромиссность или колебания» [Žižek 1992: 22][28].

Реальное становится слышимым благодаря вторжению сета [0134] в конце II части и во вступлении к III части. Таким образом, этот сет становится фундаментальным стержнем в структуре фуги, целиком проявляющимся в своей символической ипостаси, когда альт начинает полностью контролировать музыкальный дискурс, представляя субъект фуги как звуковой образ чистого влечения. Постоянное движение частей в целом и фуги в частности обладает важной музыкальной корреляцией с более старым стилем барочной музыки, обретая тем самым авторитет. И здесь Седьмой квартет иллюстрирует дисфорическую сторону такой корреляции, поскольку авторитетность ассоциируется с тем, что Хаттен описывает как «безжалостную и неумолимую обреченность» [Hatten 2004: 244]. Без вариаций непрестанный ритм субъекта фуги в конечном счете размножается, создавая точные клоны самого себя в ходе неистового стретто, при этом все голоса беспрерывно стремятся вперед, создавая состояние дисфорической наполненности. Механический порыв неумолим; движимый безотлагательными запросами, он достигает напряженной

---

[28] «Запрограммированный автомат», на который ссылается Жижек, является заглавным персонажем фильма «Терминатор»; Жижек отмечает, что в фильме персонаж Арнольда Шварценеггера продолжает преследовать свою жертву, даже когда от Терминатора остается лишь безногий железный скелет. Далее Жижек утверждает, что «Терминатор — это воплощение влечения, лишенного желания».

Пример 3.9. Квартет № 7, III часть, раздел стретто фуги

кульминации эпического масштаба. Исполняемый в том же неистовом темпе, что и I часть (♩ = 176), и в динамике не тише *forte*, субъект фуги сам по себе предвещает кульминацию своим исступленным тематическим разделом, за которым следуют трясущиеся пунктирные восьмые/шестнадцатые в окончании. Сочетая темп, динамику и короткие ритмические величины, Шостакович, возможно, находит иной способ добиться насыщенности — через проблему исполнения. Говоря о трудностях при исполнении квартетов Шостаковича, Юджин Друкер, скрипач Квартета Эмерсона (Emerson String Quartet), называет фугу «свирепой» и отмечает очевидную сложность в таком проведении всех четырех частей, чтобы они «полностью сочетались друг с другом» [Eisler 2000: 103].

Уверенный финальный рывок к кульминации возникает в четвертом эпизоде фуги (начинающемся с затакта к R. 33), который состоит из пролетающих шестнадцатых у двух нижних инструментов, основного мотива четвертными нотами у второй скрипки и упрямо повторяющегося кричащего до-диез у первой скрипки. В примере 3.9 показан субъект фуги, представленный в стретто в следующем изложении, начатом в R. 34. Промежуток между вступлениями заставляет шестнадцатые основного мотива всегда двигаться в противоположном направлении со своей парой в стретто. Чтобы способствовать созданию ритмической насыщенности, у скрипок присутствуют ложные вступления в основной мотив, в то время как альт и виолончель берут на себя побочную тему субъекта. (См. R. 34.4–8, это наслоение переворачивается в R. 35.4–8.) В этом отрывке постоянные шестнадцатые, которые впервые появились в области побочной темы I части, а затем снова в качестве легкого устойчивого аккомпанемента в спокойной II части, теперь безжалостны и агрессивны[29]. Эффектом становится возрастание энергии и напряжения, не дающее ни момента передышки. В финальном эпизоде, начинающемся в R. 36, виолончель исполняет шестнадцатые вертикаль-

---

[29] В течение этого пятнадцатитактового периода музыка проходит через все три возможных октатонических сета, причем тона в R. 34.1–34.4 заимствованы из сета III, в R. 34.4–35.5 — из сета II, а в R. 35.6–35.8 — из сета I. Шостакович также ссылается на все три октатонических сета в экспозиции I части. Во втором разделе S мелодия в первой скрипке составляется полностью из октатонических сетов, за исключением начальных четырех нот, которые выделяют тонику, переходя от сета III к сету II и сету I, прежде чем завершиться вновь на сете III. В нумерации октатонических сетов я следую Питеру ван ден Турну, у которого октатонический сет I — это до-диез, ре, ми, фа, соль, ля-бемоль, си-бемоль, си; октатонический сет II — ре, ми-бемоль, фа, фа-диез, ля-бемоль, ля-бекар, си, до; октатонический сет III — ми-бемоль, ми-бекар, фа-диез, соль, ля, си-бемоль, до, ре-бемоль. См. [Van den Toorn 1987: 143].

ными трихордами в верхних инструментах, которые с R. 36.5 образуют сеты [013], ожесточенно напоминая о звучности [013] из вступления к этой части.

Непрерывный ритм шестнадцатыми усиливается в R. 36.11, при этом первая скрипка добавляет ритмических встрясок и восходящий ход на малую нону каждую шестую ноту из шестнадцатых (тем самым увеличивая насыщенность регистра). Вторая скрипка вступает в R. 37 также непрерывными шестнадцатыми, уплотняя фактуру и повышая диссонантный уровень постоянными двойными нотами. Кроме того, в R. 37, когда музыка приближается к своей кульминации, два нижних инструмента вступают с темой из II части (тема B, см. R. 17.4ff) на той же звуковой высоте, что и тема A′ предыдущей части. Как и возвращение звучностей [013] из вступления к фуге (которое, в свою очередь, является грубой переработкой первых тактов I части), тема B возвращается, но довольно жестко — мелодия погребального обряда из II части появляется как вскрик. Тема, первоначально представлявшая собой мягкую мелодию, обозначенную *con sordino* и поддерживаемую нежными арпеджио, повторяется у альта и виолончели в параллельных октавах на динамическом уровне *fortissimo*. На фоне этого вторая скрипка играет диссонантные двойные ноты, которые чередуют регистры каждые шестнадцатые, в то время как первая скрипка делает ходы на малую нону. Возвращение темы B добавляет новый ритмический слой музыке, который сродни представлению субъекта фуги в расширении. Тем самым Шостаковичу удается создать ощущение насыщенности ритмических значений без представления субъекта фуги в расширении. В дополнение к созданию нового уровня насыщения, Хаттен отмечает, что субъект фуги в расширении «поддерживает риторический эффект кульминации» [Hatten 2004: 250]. Возвращение темы B, безусловно, обладает этой характеристикой, хотя здесь, несмотря на субъект фуги в расширении (особенно при звучании в басу) отсутствует какое-либо ощущение авторитетности.

Тема B распадается под воздействием музыки, ведущей к финальной кульминации фуги (см. R. 37.13ff). Музыка сгущается до

Пример 3.10. Квартет № 7, III часть, возвращение темы A в кульминации фуги

диссонантной шестиголосной фактуры (первая скрипка и альт с партиями двойных нот) в R. 38, при этом все инструменты исполняют два такта анапестов, прежде чем рассеяться в ровные шестнадцатые. Кульминация наступает в R. 38.4 с возвращением темы A, с которой начиналось произведение. И вновь предшествующий материал возвращается довольно жестко. Пример 3.10 демонстрирует насыщенную фактуру этого раздела, где все инструменты играют первую часть темы на различной звуковой высоте — чистые кварты разделяют три верхних инструмента, а виолончель находится ниже альта на уменьшенную кварту / большую терцию. Кроме того, альт играет двойными нотами соль, что действует как бурдон, еще больше сгущая и так уже практически непроницаемую фактуру. Во второй части темы все инструменты имеют октавные удвоения той же высоты звука на *fff*. Происходящее в произведении проходит полный круг; опираясь на музыкальный материал предшествующих частей, фуга возвращает две их главные темы в жесточайшем кульминационном неистовстве.

Постлюдия как символический обряд

Позвольте мне резюмировать предложенную мной интерпретацию: несмотря на то что в I части отсутствует раздел разработки, что делает ее неполноценной, II часть все равно продолжается как похоронный обряд. Она имеет все признаки похоронной церемонии, но ей не удается должным образом запечатлеть музыкальную память субъекта, опираясь вместо этого на общие признаки траура, создающие ощущение похорон. Она имеет форму церемонии, но содержание ее не таково. Яростное нарушение обряда мотивом A, означающее появление разрыва между двумя смертями, наряду с грубой переработкой вступления I части в начале III части предвещает грядущую жестокость. В фуге живые мертвецы возвращаются в виде «ужасающих монстров», звукового воплощения чистого порыва, который неуклонно присутствует в разделе фуги вплоть до достижения цели. Эта фуга устремлена не в будущее, расширяя и разрабатывая мотивы в новые темы; она, скорее, разворачивается механически, символизируя чистое, автоматическое движение мертвых — тех, чьи символические судьбы не были должным образом проявлены в предшествующих частях[30]. С кульминационным возвращением темы B и первой фразой темы A фуга достигает своего рода окончания, так как чистое влечение, символизирующее возвращение мертвых, наконец рассеивается. Дикость и жестокость из музыки уходят, и теперь субъект может умереть символически. Задача вспоминания, вторая смерть, которую не удалось провести во II части, должным образом решается в постлюдии к фуге в окончании III части. Хотя в постлюдии отсутствуют стандартные элементы, придающие II части похоронный характер, она, по всей видимости, напоминает об ушедшем субъекте, позволяя ему быть похороненным должным образом.

Как показано в примере 3.10, в разгар ожесточенного возвращения темы A все инструменты за один такт до R. 39 внезапно

---

[30] Как было указано ранее (см. прим. 44), Мак-Крелесс отмечает, что одним из самых проблемных аспектов отнесения Седьмого струнного к крупной сонатной форме является то, что фуга/разработка находится в родной тональности квартета. На структурном уровне это считается общепризнанной проблемой, но на герменевтическом уровне это лишь усиливает идею о том, что фуга обращена назад и механистична по своей природе — одержима тем, что уже произошло (или, если совсем буквально, тем, чего не происходило) в предыдущих частях.

прерывают пятиголосную фактуру, и на один такт возникает до-диез в динамике *fff*. Это снова происходит в R. 39.4 (в примере это не показано), поскольку возвращение темы A вновь подчеркивает доминантовую высоту тона. И вот здесь, в окончании того, что можно было бы интерпретировать как разработку крупной сонатной формы, инструменты объединяются в решительном устое на доминанте для подготовки к репризе. Постлюдия (начинающаяся в R. 41) открывается субъектом фуги, самой наполненной темой в произведении. По сравнению с первоначальным представлением субъекта фуги в примере 3.8, пример 3.11 показывает только вспоминание о субъекте фуги, лишенное жестокости и предстающее в мелодичном Allegretto в $\frac{3}{4}$, где начало сыграно восьмыми, а окончание — половинными и четвертными нотами. Несмотря на то что ритмические значения удлинены, субъект фуги запоминается на том же звуковысотном уровне, что и в оригинале (ср. R. 41.1ff и R. 24.1ff). Чтобы создать ауру воспоминания, всем инструментам наказывается играть *con sordino* и *piano*. Первоначально, пока первая скрипка вспоминает субъект фуги, остальные инструменты обеспечивают гармоническую поддержку. Единственный из других инструментов, который вспоминает субъект фуги, — это альт (см. R. 52.1ff и R. 52.6ff), представлявший ее изначально и выступавший голосом, посредством которого мотив A вырывался на поверхность. Обратите внимание, что в фуге, которая в данной интерпретации обитает в пустом пространстве между двумя смертями, не используются ключевые знаки, даже если ее звуковысотный центр находится в фа-диез миноре. Таким образом, сама партитура указывает на то, что фуга существует в пространстве за пределами нашей символической реальности, в том месте, где не существует общепринятых ключевых знаков сконструированной вселенной. Теперь, когда этот разрыв устранен, постлюдия, начинающаяся в той же тональности, что и фуга, имеет обозначения фа-диез минорной тональности, возвращаясь к общепринятым «правилам» сконструированной музыкальной реальности.

По завершении разработки/фуги в постлюдии также воспроизводится тема A (впервые появившаяся в R. 46) в первоначаль-

Пример 3.11. Квартет № 7, III часть, вступление постлюдии

ной тональности фа-диез минор в качестве составляющей репризы. Здесь тема А оставляет свой анапестовый ритм, вместо этого возвращаясь в виде мягкой реминисценции. Без анапеста инструменты играют устойчивое стаккато восьмыми, чередующимися с паузами-восьмыми, в то время как первая скрипка ведет мелодию, а вторая скрипка поддерживает ее бурдоном на фа-диез. Во время постлюдии тема фуги и тема А распадаются, их фрагменты накладываются друг на друга и переплетаются с новой, постоянно развивающейся мелодией, основанной на чистых квартах и полутоновых ходах (напр. см. R. 42.4–7, 43.9ff, 49.1ff и т. д.). Хотя и кажется, что новая мелодия берется из ниоткуда, на самом деле она возникает из разрозненных фрагментов предшествующей музыки. Мелодия, состоящая в основном из чистых кварт и малых секунд, основана на двух самых фундаментальных элементах произведения — вспомните использование чистой кварты при возвращении темы A в кульминации фуги, а также полутон — основная составляющая мотива A, которая построена из двух полутонов, разделенных целым тоном. Краткое рассмотрение важных примеров двух пар кварт, соль — ре и фа-диез — до-диез, подчеркивает важность чистых кварт и малых секунд в квартете[31]. Высоты тона в этих двух квартах подчеркивают важные для сочинения тональности: I и III части в фа-диез миноре, раздел A II части в ре миноре, раздел B в до-диезе. В I части первая каденция идет от фа-диез в до-диез, а виолончель идет вниз на чистую кварту (R. 1.7–8). Это повторяется в R. 2.4–5 и вновь в R. 2.9–10, при этом соль опускается к ре. Две кварты возвращаются в репризе I части в последних тактах побочной темы (R. 15.2–16.1). Субъект фуги составляется сетами [0134] и [013], за исключением последнего прыжка на чистую кварту (ре — соль в изначальном изложении). В раздел стретто субъект вступает на фа-диезе и до-диезе, в то время как два ложных вступления происходят на ре и соль. На протяжении всего сочинения кварта соль — ре выступает, как правило, в качестве полутонового перехода к фа-диез — до-диез, и именно финальная до-диез I части становится вводным тоном к ре минору II части.

Из этих основных элементов и образуется мелодия постлюдии. Будучи полной противоположностью субъекту фуги, она постоянно видоизменяется, никогда не останавливаясь настолько, чтобы образовать окончательную версию. Таким образом, это можно истолковать как своего рода обновление, способ живых сохранить воспоминания о мертвых без преследования с их стороны. Когда постлюдия завершается, фрагмент начала фуги приводит музыку прямиком к коде — к измененной версии коды, которой заканчивалась I часть. Драма закончилась, разработка и реприза прошли; брешь между двумя смертями закрылась. Но что с кодой?

---

[31] На протяжении всего произведения Шостакович использует диаду соль — ре как полутоновую модуляцию диады фа-диез — до-диез, нарушая тональный центр фа-диез. Кун описывает отношения между двумя нотами как соревнующиеся тонико-доминантные комплексы: см. главу о Седьмом квартете в [Kuhn 2010].

Кода

Рассматривая одну из малеровских код, Адорно заявил, что «кода отражает все, что было раньше; в ней старая буря обретает безопасное эхо» [Adorno 1992: 11]. Это утверждение справедливо и для вспоминания коды в заключительной части Седьмого струнного квартета; это отголосок, эхо изначальной коды. Как и со всеми эхо, мы не контролируем их реверберацию. Ритмы и динамика рассеиваются, и то, что когда-то было предоставлено исполнителю, теперь предопределяется составленным *ritenuto*: звук постепенно затихает. Вспоминание коды необходимо из-за структуры крупной сонатной формы, о которой напоминает Седьмой квартет. Разработка и реприза фуги и постлюдия завершают сонатную форму — любая кода в таком случае является посторонней, и повторение той же коды не требуется. Оно также не требуется и для довершения нарратива — постлюдия закрыла брешь между двумя смертями, должным образом запечатлев память о мертвых. Тем не менее, в соответствии с природой восполнения, кода имеет чрезвычайное значение на эстетическом и символическом уровнях. Можно было бы сказать, что первоначальная кода являлась пустым восполнением, подражательным актом, имитацией структуры I части, которая сама по себе была неполноценной [Деррида 2000]. Хотя это всего лишь эхо, вторая кода дополняет произведение, выражая то, что произошло после первой, пустой коды. Это подчеркивает интерпретацию первой коды как смерти — смерти, с которой сейчас, в конце III части, музыкальный субъект может примириться. Финальная кода полноценна, она дополняет произведение и завершает его. В ином смысле первая кода подчеркивает отсутствие присутствия; в заключительных тактах III части кода проявляет присутствие отсутствия. В Седьмом струнном квартете цель III части состоит в том, чтобы должным образом определить вторую смерть. Кода означает достижение цели благодаря успешному завершению постлюдией похоронного обряда. Единственный способ, которым кода может показать успешное достижение этой цели, — это быть вне процесса, и если первая кода означает смерть субъекта в I части, то вторая кода означает смерть всего произведения. Жижек отмечает, что со второй смертью приходит момент «радикального, абсолютного преступления, освобождающего творческие силы природы» [Жижек 1999: 138], и с вспоминанием коды в конце последней части круговое повторение завершается. Кода III части угасает, и тем самым заканчивается все символическое пространство, в котором существовало произведение. Указание *morendo* на последних нотах абсолютно уместно. По мере того, как угасают ноты, угасает и структура, в которой они обладали значением.

Глава 4
Музыкальные призраки

Ритуал призывания[1] *в Восьмом струнном квартете Шостаковича, op. 110 (1960)*[2]

Шедевр всегда — по определению — движется на призрачный лад.

Жак Деррида [Деррида 2006: 34]

Восьмой струнный квартет Шостаковича преследуют музыкальные призраки — цитаты, чаще всего самоцитаты, возвращающиеся из прошлого и составляющие бо́льшую часть музыкального содержания первых четырех частей. Большинство оставшегося материала, включая почти всю V часть и финальную, составляется из мотива DSCH, пронизывающего звучание музыкальным автографом композитора. Цитаты, изложенные чрезвычайно ясно, занимают центральное место в бо́льшей части произведения и в основном массиве его аналитических обсуждений, в это же время мотив DSCH никуда не пропадает; он присутствует постоянно. По ходу произведения этот мотив начинает преобладать, становясь основным спиритом. К окончанию квартета остается только он (финал лишен музыкальных цитат), поскольку используется для создания фуги на DSCH, составляющей финальную

---

1 Термин *conjuration* используется у Деррида в нескольких значениях, здесь — в значении магического заклинания, но переиначен как «призывание», чтобы лучше соотноситься с музыкальной тематикой цитат. — *Прим. пер.*

2 Восьмой струнный квартет Шостаковича имеет посвящение: «Памяти жертв фашизма и войны».

часть. Таким образом, несмотря на использование музыкальных цитат, именно мотив DSCH, чье призрачное присутствие создает интерпретационные ребусы, будет в центре внимания этой главы. Почему этот мотив доминирует в сочинении? Отчего он так настойчив? И в конечном счете каково его значение?

Восьмой квартет — одно из самых известных произведений Шостаковича, слава которого изначально в какой-то степени обуславливалась широким применением музыкальных цитат. К тому же необычайно большое количество музыкальных идей, уже ассоциирующихся с композитором, ставит под сомнение официальное посвящение квартета жертвам войны и фашизма. Слава квартета возросла еще больше после публикации писем Шостаковича Исааку Гликману, в которых Шостакович в весьма несвойственных сдержанному композитору выражениях писал о своих чувствах по поводу этого произведения[3]. Уже занимавший видное место в научной литературе, квартет в последние годы приобрел такую известность, что стал темой книги Дэвида Фаннинга «Шостакович: Струнный квартет № 8», в которой это произведение подвергается тщательному аналитическому, историческому и интерпретационному анализу [Fanning 2004][4]. Тем не менее даже в работе Фаннинга вопросы относительно преобладающего значения композиторского моникера DSCH в этом сочинении, особенно в заключительной части, остаются относительно неразрешенными.

Восьмой квартет состоит из пяти частей; I, IV и V части отмечены *Largo*, II часть — *Allegro Molto*, а III часть — *Allegretto*. В целом произведение имеет аркообразную симметрию и структуру «медленно — быстро — медленно» (II и III части образуют быстрый раздел), а крайние части, имеющие много общих деталей, действуют, соответственно, как вступление и заключение. Несмотря на довольно различные характеристики, две быстрые части (II и III) представляют собой дьяволические скерцо, причем

---

[3] В письме, датированном 19.07.1960. См. [Шостакович 1993: 159–161].

[4] Другие аналитические обзоры можно найти в [Roseberry 1989] и [Longman 1989].

второе написано в форме вальса и трио. IV часть представляет собой скорбную ламентацию.

Большинство цитат в сочинении взяты из собственных произведений Шостаковича, включая Первую симфонию, Второе фортепианное трио, Первый виолончельный концерт и оперу «Леди Макбет Мценского уезда». Единственная цитата, не относящаяся к его творчеству, — это заимствование из русской революционной песни «Замучен тяжелой неволей»[5]. Цитаты в квартете приводятся примерно в том же порядке, в каком были написаны произведения, из которых они взяты. Например, первым цитированным произведением является Первая симфония, написанная в 1924–1925 годах. Последнее цитируемое произведение — «Леди Макбет Мценского уезда». Хотя эта опера изначально была создана в 1930–1932 годах, Шостакович перерабатывал ее под названием «Катерина Измайлова» вплоть до времени создания Восьмого квартета[6]. (Музыка, цитируемая в Восьмом квартете, присутствует в обеих версиях оперы.) Хотя цитаты являются дословным или очень близким к нему изложением фрагментов ранее созданных сочинений, Шостакович делает намеки на предшествующий материал при помощи различных музыкальных сходств. Шостакович намекает на собственную музыку и иные произведения самых разных композиторов. В письме Гликману он недвусмысленно заявляет, что ссылается на «Гибель Богов» Вагнера и Шестую симфонию Чайковского, но исследователи нашли гораздо больше отсылок[7].

---

5 Диаграмму с детализацией цитируемого материала и кратким рассмотрением альтераций см. в [Fanning 2004: 52–53]. Существует множество вариантов перевода названия революционной песни; я использую перевод, приведенный у Фаннинга («Tormented by Harsh Captivity»). Полный текст песни (с переводом) и перевод исследования Михаила Друскина о происхождении этой песни см. в [Fanning 2004: 141–144].

6 Наиболее полное исследование хронологического порядка цитат см. в [Grönke 2002: 57–58].

7 Полный список музыкальных аллюзий в таблице «аллюзий и сходств» квартета см. в [Fanning 2004: 54–55]. Анализ аллюзий на конкретные произведения см. в [Ibid.: 58–59; Kramer 2001: 236–237; Jackson 1998: 601–602].

Широкое использование мотива DSCH, почти хронологическое распределение музыкальных заимствований, а также заявление Шостаковича в письме Гликману, что на обложке произведения надо написать «Посвящается памяти автора этого квартета» [Шостакович 1993: 159] привели к многочисленным автобиографическим его прочтениям — своего рода манифестации жизни композитора[8]. В то же время высказывания Шостаковича, адресованные Гликману, и воспоминания Льва Лебединского относительно душевного состояния композитора в то время являются (спорными) доказательствами теории о том, что произведение было написано в период крайнего отвращения к самому себе и, возможно, задумывалось как предсмертная записка[9].

Учитывая широкое использование мотива DSCH и большое количество цитат, часть которых довольно крупные по размеру, в Восьмом квартете есть несколько тем, которые были сочинены специально для самого квартета[10]. Прозвучав, цитаты оказыва-

---

[8] Одной из первых статей, в которых рассматривается автобиографический аспект квартета, является [Келдыш 1960]. В тематической литературе присутствует множество комментариев относительно интерпретации произведения и кратких утверждений о значении квартета. Краткое рассмотрение приведено в [MacDonald 1990: 222–223; Volkov 1979: 156]. Более углубленные интерпретации, к которым я вернусь позднее, присутствуют в [Taruskin 1997: 493–497; Kramer 2001: 232–241]. См. также [Wehrmeyer 2002: 213–228]. Обзор с точки зрения исполнителя см. в [Glyde 2002].

[9] См. [Шостакович 1993; Wilson 2006: 381; Lebedinsky 1990: 475–477], также перевод есть в [Fanning 2004: 148–150]. Фаннинг решительно оспаривает утверждение о том, что Шостакович в то время был склонен к самоубийству, ссылаясь на личные беседы с сыном композитора, Максимом. См. [Ibid.: 18].

[10] Ричард Лонгман предполагает, что в квартете есть лишь четыре идеи, не являющиеся самоцитатами или мотивом DSCH: 1) ритмическая фигура, впервые появляющаяся в R. 4 и возвращающаяся на протяжении всего произведения, 2) побочная тема III части, 3) «“песня узников” в IV части», 4) остинатная фигура, которая впервые появляется в R. 65.9 в V части. См. [Longman 1989: 181–182]. Тарускин отмечает, что четвертый мотив из «новой музыки» Лонгмана на самом деле основан на аккомпанирующей фигуре, встречающейся в последней сцене «Леди Макбет», — этот мотив Фаннинг связывает с понятием бессонницы. См. [Taruskin 1997: 494; Fanning 1995: 146–149; Fanning 2004: 125].

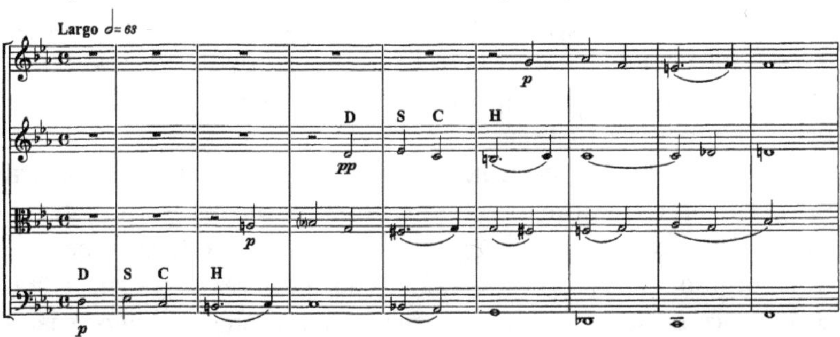

Пример 4.1. Квартет № 8, I часть, вступительные такты

ются в эпицентре музыкального внимания, но на протяжении всего произведения рядом неизменно оказывается основной мотив: он непосредственно вводит цитаты, удерживается на заднем плане и обеспечивает основную высоту звука и/или интервальное содержание. Создается впечатление, что мотив является силой, определяющей развитие квартета и переносящей цитаты в музыкальное настоящее. В свете сказанного мотив DSCH становится центральным элементом произведения, наполненного призраками музыкального прошлого.

Имя собственное

I часть начинается с проведения мотива DSCH в виолончели, что показано в примере 4.1. Гармоническая стабильность мотива сама по себе не гарантируется, поскольку ре и до полутоновым ходом «разрешаются» в ми-бемоль и си-бекар. В большинстве случаев последняя высота звука мотива, си-бекар, разрешается обратно в до, что подразумевает переход от доминанты к тонике и установление тональности до минор. После проведения мотива в виолончели он повторяется стретто у остальных инструментов, двигаясь вверх как по инструментам, так и по звуковысотности. Мотив разрастается, переходя на два новых звуковысотных уровня, и буквально дает рождение квартету, поскольку начинает вступительное изложение в каждом инструменте. Таким образом, с самого начала произведения наблюдается обильность проведений этого мотива.

И все же что на самом деле означает этот мотив? Да, мотив представляет собой имя собственное композитора — но что означает? С семиотической точки зрения имя собственное, как и любое иное означающее, по сути своей, не несет в себе значения. В частности, имя собственное означает, не описывая; оно указывает на объект, но не дает никакой сути относительно смысла этого объекта. Цитируя Жан-Франсуа Лиотара, повторю, что «имя собственное — это обозначение реальности <...> оно не <...> имеет значения. Это не <...> сокращенный эквивалент дефинитивного описания или совокупности описаний. Это ясный знак функции обозначения» [Lyotard 1984: 10]. Описание Лиотара повторяет описание Сола Крипке, который утверждает, что имена собственные являются жесткими десигнаторами. Означающее — это жесткий десигнатор, «если в каждом возможном мире оно обозначает один и тот же объект» [Kripke 1980: 48]. Крипке отмечает, что существует разница между приданием определения и фиксацией отсылки; жесткие десигнаторы фиксируют референцию, в отличие от фактического определения значения [Ibid.: 58–60][11]. Такая референция остается зафиксированной, даже если в обычной жизни происходят трансформации. Не изначально присутствующие, но именно условные свойства кода придают значение имени собственному [Ibid.: 56–57, 62–63, 105]. Жижек также соотносит имя собственное с жестким десигнатором, утверждая, что он является «уровнем “бессмысленного” механизма означающее/означаемое» [Жижек 1999: 135–136].

---

[11] Хаттен использует концепцию жесткого десигнатора в философии языка как один из аспектов утверждения, что только потому, что значение в музыке не может надежно выражаться посредством речи, это не означает, что мы не можем «иметь к нему доступ, поскольку он относится к нашей культурной вселенной» [Hatten 1994: 247]. Хаттен использует жесткий десигнатор в качестве примера, показывающего, что язык сам по себе не обладает устойчивым семантическим содержанием. См. [Ibid.: 247–251].

В итоге, хоть именование и может быть необходимостью, само по себе имя лишено исходного значения[12].

Кристиан Хибберд рассматривал проблемы при определении значения мотива DSCH, отмечая, что отсутствие теоретического исследования мотива и его использования иногда приводит к «чрезмерно упрощенному пониманию монограммы и ее функции» [Hibberd 2005: 56]. Для рассмотрения многочисленных ролей, какие может играть мотив, Хибберд использует концепцию Михаила Бахтина [Ibid.: 57–74]. В частности, он рассматривает различные способы действия мотива-как-подписи в зависимости от представляемого им субъекта, будь то Шостакович-личность, Шостакович-композитор, Шостакович-персонаж; «каждый из них создается и переживается принципиально по-разному» [Ibid.: 67]. В заключение Хибберд предупреждает, что «мы больше не можем рассматривать монограмму просто как свидетельство “подписи” композитором собственных произведений» [Ibid.: 74]. В своем анализе Восьмого струнного квартета Хибберд отмечает, что в письме Гликману Шостакович уже начал дистанцироваться от субъекта, который сочинил квартет (заявляя, что он написан в память «композитора, создавшего этот квартет»). Тем самым через несколько дней после окончания работы над ним Шостакович самолично дистанцировался от сочиняющего субъекта, каким он предстает в квартете.

В письме Гликману Шостакович описывает этот мотив как «основную тему» квартета, которая, как отмечает Хибберд, «сразу же объединяется в более крупную фразу с каденцией на до». Таким образом, перефразируя Деррида, Хибберд отмечает, что происходит моментальный отход от «монограммы как “сугубо повторяемой подписи”» [Ibid.: 59]. На самом деле функция этого мотива в произведении выходит далеко за рамки буквального изложения монограммы и участия в расширенной вступительной фразе. В более широком музыкальном контексте мотив взаимодействует с цитатами различными способами: как обрам-

12 В терминологии Деррида «имя собственное <...> [это] всего лишь слово <...> слово, отличное от вещи или концепта» [Derrida 1995: 97].

ляющий элемент в начале и/или в конце, входящий в цитату так, чтобы к цитате его приводил незаметный переход, а в других случаях кажется, что цитата буквально вытекает из мотива или создается им[13]. На протяжении всего произведения мотив подвергается преобразованию посредством транспозиции, альтерации и усечения; его субъект изменяется как внешне, так и относительно роли в контексте означения.

С самого начала квартета при многократном повторении имя собственное автоматически расщепляется и удваивается, транспонируется к двум новым звуковысотам и распространяется в качестве означающего. Эта повторяемость имени иллюстрирует двойственность означающего и проявляет отсутствие внутреннего значения. Многочисленные изложения создают двойственные версии жесткого десигнатора; тем не менее увеличение количества жестких десигнаторов не приводит к образованию значения. То, что мотив неизбежно должен измениться, еще больше подрывает любой статус, который он мог бы иметь при стабильном семантическом содержании. Парадоксально, но чем более явным мотив становится в произведении, тем сильнее он проявляет свои формальные, но не репрезентативные качества. В результате квартет оказывается пронизан означающим, избегающим присутствия, — призраком, выделяющим отсутствие субъекта. Мотив, который должен был представлять человека, ничего не означает.

Многократное повторение мотива DSCH во вступительных тактах носит церемониальный характер, поскольку повторяющееся произнесение имени собственного зачинает ритуал призывания, который привлечет цитаты, этих призраков прошлого. Рефренообразное возвращение мотива в I части действует, по-видимому, как непрерывно призывающее к предстоящему

[13] Роузберри использует Восьмой квартет для демонстрации того, каким образом мотив DSCH выступает первичным элементом последующих многообразных вариаций цитат, при анализе использования Шостаковичем «ассоциирования идей» для создания «крупномасштабной интеграции и непрерывности» в так называемых квартетах непрерывности (№ 7–9, 11–13, 15). См. [Roseberry 1989: 268–276].

ритуалу «магическое заклинание, предназначенное для того, чтобы *воскресить*, вызвать голосом, *наслать* чары или духа» [Деррида 2006: 61]. Но зачем призывать цитаты? Предложенное Деррида разъяснение «хонтологии», или учения о призраках, дает основу для интерпретации церемонии, на которой предстает имя собственное, и того, как призванные цитаты действуют внутри ритуала. В «Призраках Маркса» Деррида рассматривает акт призывания, определяя три значения, каждое из которых подразумевает консолидацию власти — власти сражаться, призывать и выдворять [Там же]. Я же утверждаю, что в Восьмом струнном квартете мотив DSCH использует возможность призывания для накопления власти, но власти иного рода — в данном случае способности означать. Мотив призывает цитаты в попытке создать код обозначения, в котором мотив DSCH имел бы смысл. Другими словами, мотив призывает цитаты в надежде воззвать к самобытности субъекта, чтобы знак отсутствия мог заполниться от их присутствия.

Церемония смерти

Призывание цитат мотивом DSCH можно толковать как создание церемонии смерти, в которой цитаты возвращаются в интенсифицированной призрачной манере. Хотя I часть, служащая вступлением, довольно безобидна, в последующих частях ритуал приобретает явно насильственный характер, поскольку музыка являет дьявольскую церемонию смерти, для которой цитаты и призываются. В результате получается квартет, вводящий макабрический ритуал призывания и вкрапления[14], достигающий разрушительных масштабов. Предвосхищая структуру квартета в целом, I часть имеет арочную структуру (в форме ABA′), при этом два вкрапления Первой симфонии Шостаковича (A и A′) обрамляют внутренний раздел (B), который сам по

---

[14] Слово *visitations* интерпретируется здесь как «вкрапление», а не «посещение», т. к. рассматривается с точки зрения контекста, связанного со вставкой цитат. — *Прим. пер.*

Раздел	Музыкальный материал	Репетиционная метка
Фугато	Мотив DSCH	0
A	Мотив DSCH	0.12
	Цитата из Первой симфонии	1.4
	Мотив DSCH	1.11
B	Аллюзия на Чайковского	2
	Мотив DSCH	3
	Аллюзия на Пятую симфонию	4
	Мотив DSCH	6
	Аллюзия на Чайковского	7.2
A′	Мотив DSCH	9
	Цитата из Первой симфонии	9.6
	Мотив DSCH	10.3

Рис. 4.1. Квартет № 8, I часть, краткий обзор

себе имеет симметричную форму (см. рис. 4.1). В рамках этой структуры регулярно, подобно рефрену, появляется мотив DSCH [Grönke 2002: 50]. Эта арочная форма является неполноценной, поскольку раздел fugato, открывающий произведение, затем не возвращается, чтобы эту часть завершить [Fanning 2004: 57]. После вступительного изложения мотива во всех четырех инструментах повторение его альтом приводит к «каденции» на полууменьшенном септаккорде ля (R. 0.12). После паузы-восьмой скрипки и виолончель вступают с мотивом DSCH в параллельных октавах (на звуковой высоте имени собственного). Выхолощенное утроение имени призывает в памяти первую цитату, отмеченную в примере 4.2 — вступительную мелодию Первой симфонии Шостаковича, ор. 10. Первая скрипка удерживает си четвертой октавы три с половиной такта, прежде чем заиграть вступительные ноты Первой симфонии (R. 1.4b2). Тем временем, начиная с R. 1.3b2, вторая скрипка играет первые три ноты мотива DSCH, прежде чем перейти к следующему фрагменту цитаты из симфонии. Наконец вступает альт с сегментами темы симфонии.

В конце цитаты первая скрипка повторяет заклинание, довершая рамку цитаты, создающуюся мотивом.

В R. 2 у первой скрипки нисходящая хроматическая линия поверх бурдона параллельной октавы/квинтаккорда в нижних инструментах: Фаннинг отмечает, что именно здесь Шостакович намекает на Шестую симфонию Чайковского[15]. Завораживающее, призрачное звучание *pianissimo* затихает, освобождая музыкальное пространство для виолончели, которая декламирует мотив (в R. 3) перед следующим разделом. В R. 4 эта линия становится диатонической при вступлении нисходящей гаммообразной темы, на этот раз отсылающей к I части Пятой симфонии Шостаковича [Roseberry 1989: 272; Longman 1989, 1: 182]. После краткого прерывания, вызванного мотивом DSCH, в R. 6 нисходящая хроматическая линия возвращается в виолончели (в R. 7.2, происходит завершение раздела B трехчастной формы). В этом разделе музыка возвращается к материалу Первой симфонии (R. 9.6). Цитата из Первой симфонии призывается во второй раз, продолжая симметричную основу части. И вновь октавные удвоения мотива в скрипках и виолончели призывают цитату, продолжая размножение имени. Через шесть тактов после начала второго вкрапления, в R. 9.11, цитата перерабатывается, поскольку исполнение первой скрипки и альта смещается на полтона вниз относительно оригинала. Мотивная секвенция продолжает идти вниз вплоть до третьего повторения, прежде чем мотивы из Первой симфонии растворятся в музыкальной ткани. Хотя фугическое вступление вновь не возвращается (оставляя арку формы незавершенной), перед завершением части мотив DSCH звучит в последний раз у альта (см. R. 10. 3–5).

Как начало квартета, I часть выделяется не интенсивностью, но основательностью, что обуславливается стойкостью повторяющегося мотива; здесь «заклинание повторяется и превращается в ритуал» [Деррида 2006: 80], как бы предваряя последующую це-

---

15 Прямое сравнение произведений Шостаковича и Чайковского см. в [Fanning 2004: 64]. Роузберри утверждает, что этот пассаж происходит от хроматизма Первой симфонии Шостаковича [Roseberry 1989: 271].

Пример 4.2. Квартет № 8, I часть, цитата из Первой симфонии

ремонию смерти. Эта часть сама по себе кажется довольно безобидной, с невинной на первый взгляд цитатой из Первой симфонии Шостаковича, повторяющейся дважды. Однако, как отмечает Фаннинг, замедленный темп и «более тяжелая артикуляция» цитируемого материала по сравнению с его звучанием в Первой симфонии «значительно затемняет» звучание музыки [Fanning 2004: 53]. Эта вновь обретенная весомость предвещает то, что произойдет, поскольку в последующих частях ритуал призывания, ведомый этим мотивом, приобретает макабрический оборот.

В конце I части, как показано в примере 4.3, музыка затихает на квинтаккорде до, превращаясь практически в пустоту. Кажущееся завершение части затухающим квинтаккордом в R. 10.7–9

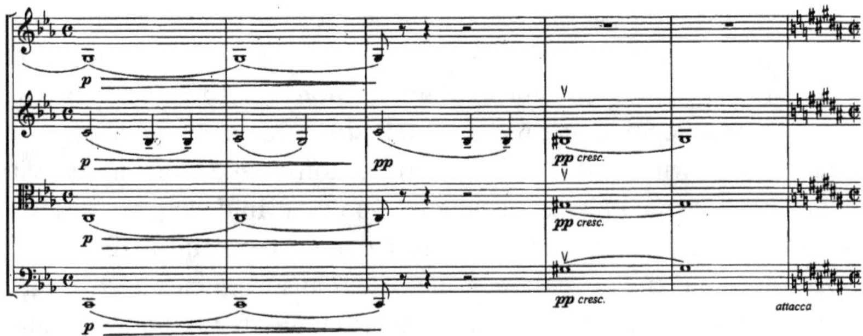

Пример 4.3. Квартет № 8, I часть, финальные такты

вполне подходит музыке, интерпретируемой как инициирование церемонии смерти. Застывшее, глухое звучание открытых квинт отзывается пустотой, как будто в оболочке сущего нет души, что кардинально отличается от более теплого, насыщенного звучания полного трезвучия или гипотетического трезвучия с пропущенной пятой ступенью[16]. Но за два такта до конца, прежде чем аккорд успевает полностью затихнуть, соль-диезное жало у второй скрипки, альта и виолончели пронзает музыкальную ткань. Соль-диезы сразу же вносят в произведение разлад и ощущение чего-то дурного, а в сочетании с отметкой *attacca* насильно подталкивают музыку к следующей части. По сравнению с умеренной напряженностью I части, II часть обладает абсолютно дьявольским характером.

Пляски смерти

Пляски смерти имеют богатую историю в европейской культуре, берущую начало в позднем Средневековье и продолжающуюся до наших дней. Сара Вебстер Гудвин проследила ранние примеры использования мотива плясок смерти, его популярность

[16] Интертекстуальная отсылка к последнему аккорду моцартовского «Реквиема» еще больше усиливает намек на смерть.

в XV столетии и влияние на возрождение этого мотива в литературе и графическом искусстве XIX века[17]. Гудвин отмечает, что пляски смерти, как правило, набирают популярность во времена мятежные и переходные как в социальном, так и в политическом плане [Goodwin 1988: 21]. В политической сфере пляски смерти часто использовали как означающее войны [Ibid.: 88], и с самого начала они вызывали апокалиптические ассоциации [Ibid.: 55]. В XIX веке пляски смерти не только использовались как комментарий революционной смене поколений и политической революции (в частности, Французской революции), но и приобретали новую форму, отвечая социальным изменениям и завоеваниям буржуазной революции. При всем этом мотив становится неразрывно связан с новым скандальным танцем, вальсом, и с балом-маскарадом. Попутно в мотиве воплощался взятый из фольклора образ дьявольского скрипача [Samuels 1995: 125].

Если исследование Гудвин сосредоточено на отражении мотивов плясок смерти в литературе и изобразительном искусстве XIX века, то Роберт Сэмюэлс использует ее наработки для определения особенностей их музыкального воплощения. В дополнение к очевидным музыкальным аспектам вальса и мотива «дьявольского скрипача», Сэмюэлс отмечает, что марши вместе с другими музыкальными инструментами и мотивами, ассоциирующимися с военными оркестрами, могут использоваться для характеристики плясок смерти в музыке. Сэмюэлс использует эту информацию при рассмотрении того, как пляски смерти в качестве музыкального топика нашли свое отражение в различных скерцо у Малера. Сэмюэлс утверждает, что к этому отсылают скерцо Пятой и Шестой симфоний Малера, причем скерцо Пятой — наиболее явно. По Сэмюэлсу, Малер не изображает пляски смерти «напрямую» (как это делает Сен-Санс); вместо этого «мотив можно воспринимать примером культурной пресуппозиции, которая позволяет общему коду быть интертекстуальным обозначением» [Ibid.: 128–129]. Пляски смерти «стоят вне

---

[17] Я взяла информацию об истории мотива «плясок смерти» в [Goodwin 1988] и [Samuels 1995: 119–129].

текста <...> но оживляют обработку основных материалов, а об их присутствии свидетельствует наличие в музыке клише» [Ibid.: 129]. По мнению Сэмюэлса, повсеместная возможность повторения плясок подрывает формальные притязания телеологической симфонической формы. Кроме того, благодаря способности плясок продолжаться вне зависимости от партнера, постоянное стремление к индивидуальности и уникальности сводится на нет [Ibid.: 129–131].

Отмечая, что Шостакович «присвоил» малеровское скерцо, Роузберри описывает скерцо Шостаковича как «кусачее, буффонадное или (в духе плясок смерти) странное, разрушительное или гротескное» [Roseberry 1989: 380][18]. *Странное, разрушительное* и *гротескное* — все это подходящие эпитеты к тем скерцо, которые составляют II и III части Восьмого квартета. В этих частях Шостакович пишет не одну, но две версии плясок смерти, каждая из которых раскрывает тему по-своему. Хотя обе части отсылают к музыкальной тематике, имеющей давнюю историческую родословную, в каждой из этих частей Шостакович расширяет изначальный код мотива, дабы более адекватно отразить контекст XX столетия. В результате получается внутренне ожесточенный марш смерти, за которым следуют бездушные пляски смерти [Longman 1989, 1: 183].

Марш смерти

II часть Восьмого квартета в невероятно быстром темпе и в сопровождении дьявольской партии первой скрипки изображает неумолимый марш до самой могилы. Форму этой части лучше всего описывать как двухчастную форму ABCA′C′B′, где раздел A (который сам делится на две части) создает скерцо, а разделы B и C объединяются в трио (см. рис. 4.2)[19]. Эта часть подходит

---

[18] Рассмотрение гротеска в музыке см. в [Sheinberg 2000: 207–309].

[19] Подробное рассмотрение формального и тематического напряжения во II части см. [Graybill 2005]. Грэйбилл интерпретирует II часть через призму сонатной формы, где первую ее часть воспринимает как «потенциально рас-

к концу с сильным ощущением формальной и тематической незавершенности, поскольку скерцо не повторяется в третий раз для завершения формы, а повтор раздела В обрывается на середине фразы. Обозначенное *Allegro molto* и написанное в размере alla breve $\frac{2}{2}$, где половинная нота = 120, эта часть врывается с головокружительной скоростью по сравнению со вступительным *Largo*[20]. II часть начинается с мотива из трех нот у первой скрипки, созданного на основе трихорда [013] — субряда тетрахорда DSCH [0134]. Этот сет ритмически выделяется из-за выбранного композитором ритма лейтмотива, анапеста. Эсти Шейнберг утверждает, что ритм анапеста способен «передать либо веселье и живость <...> либо насильственность и обсессивную навязчивую идею» [Sheinberg 2000: 198][21]. Во вступлении ко II части потенциал положительной экспрессии полностью отсутствует; здесь его смысл сводится к крайней жестокости. После двух повторений анапестового мотива скрипка завершает фразу хроматической линией из устойчивых четвертных нот, после чего с последующей фразой вступительные анапесты возвращаются. Тема в солирующей скрипке звучит в необычайно быстром темпе с прерывистыми аккордами, отмеченными ***sfff*** в нижних инструментах, которые в качестве гармонической поддержки мощно подчеркивают фактуру. Решительная мелодия скрипки в сочетании с аккордами нижних инструментов отсылает к устойчивым четвертным нотам и резким стоп-аккордам, создающим психологически пугающее скерцо в III части Восьмой симфонии Шостаковича, второй из его симфоний, написанных во время войны.

Всего через 32 такта, на R. 13.7, мотив DSCH оказывается движущей силой этого жесточайшего марша, а имя собственное вновь выходит на передний план в виде параллельных октав

планированную сонатную форму, впоследствии во второй части распадающуюся» [Ibid.: 194]. Несмотря на использование различных интерпретаций формы, и Грэйбилл, и я считаем структуру II части незавершенной.

20 Более подробное рассмотрение различий в темпе между двумя частями см. в [Fanning 2004: 73–75].

21 Также см. гл. 3, № 43.

Раздел	Музыкальный материал	Репетиционные метки
Скерцо	Аллюзия на Восьмую симфонию	11
	Мотив DSCH	14
	Канон	16.5
	Аллюзия на Восьмую симфонию	18
	Мотив DSCH	20
Трио	Цитата из Фортепианного трио	21
	Переход	22
	Мотив DSCH/триольная тема	23
Скерцо	Аллюзия на Восьмую симфонию	27
Трио	Мотив DSCH/триольная тема	31
	Цитата из Фортепианного трио	33

Рис. 4.2. Квартет № 8, II часть, краткий обзор

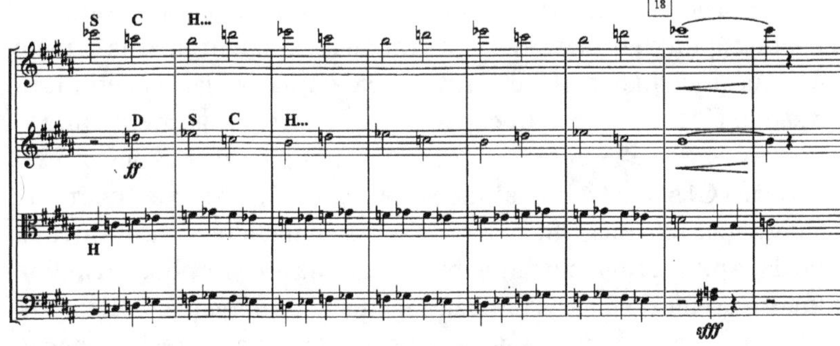

Пример 4.4. Квартет № 8, II часть, канон на DSCH

в виолончели и альте, и то, что в I части казалось безобидным заклинанием, во II части быстро приобретает устрашающий оттенок. Драматургия развивается вплоть до R. 16.5, где, как показано в примере 4.4, начинается имитация мотива DSCH, схожая с начальным мотивом I части, за исключением того, что канон выхолащивается, поскольку все инструменты выводят имя собственное лишь на звуковой высоте самого имени. Таким образом, на протяжении всего раздела происходит пролиферация означающего имени собственного параллельно с буквальным опустошением гармонического содержания. За один такт до R. 17 новый канон начинается с четвертных нот в нижних инструментах, вскоре после чего вступают скрипки (в R. 17.1 и 17.2), постоянно повторяя мотив половинными нотами. Второе нарастание начинается в R. 20, когда виолончель на пределе своего регистра начинает еще одну повторяющуюся декламацию имени собственного. В R. 20.11 скрипки быстро приобретают превалирующее значение, но теперь они повторяют имя в два раза быстрее и со смещением относительно друг друга на два такта, что создает дуэль между итерациями имени.

Ритуал приближается к кульминации в R. 2.1, где трио начинается с цитат из Фортепианного трио № 2, ор. 67, создавая в этой части раздел B. Тема из IV части фортепианного трио предстает в грубой форме, где скрипки буквально выкрикивают мелодию (изначально находившуюся у фортепиано) на динамическом уровне *fff*, а альт и виолончель будто «выпиливают» аккомпанирующие триоли, охватывающие две октавы. Верхний диапазон первой скрипки и указание для второй скрипки играть на струне соль на протяжении всей цитаты усиливают напряженность музыки. После резкого прекращения цитаты из фортепианного трио музыка, не теряя в интенсивности, привносит новую тему (и раздел C) в R. 23.4 (показано в примере 4.5), которая сочетается с мощью мотива DSCH в начале мелодии, а остинато мотива DSCH, триплетные ходы, верхний диапазон и пронзительная динамика еще больше усиливают надрывное ощущение III части.

После этого карнавального по своему характеру раздела III часть возвращается к музыке, с которой все начиналось (R. 27),

Пример 4.5. Квартет № 8, III часть, триольная тема

представляя сжатую версию вступительного раздела скерцо. Как уже отмечалось, раздел трио возвращается также в сжатом виде, с обратным порядком цитирования фортепианного трио и триольной темы. При втором, более резком появлении темы из фортепианного трио, музыка, как ни странно, становится даже более жесткой, партии меняются местами, и теперь скрипки пронзительно звучат с триольным аккомпанементом, а виолончель и альт играют мелодию параллельными октавами на пределе своих диапазонов, начиная с F♯4 и F♯5 соответственно. С отметки *fff* инструменты при crescendo переходят в пустоту предпоследнего такта III части, а призрак трио вновь внезапно исчезает. За этим следует такт оглушительной пустоты. В наступившей тишине музыка оправляется от жестокости; тем не менее *attacca* заставляет музыку переходить к следующей части без перерыва как такового.

С плясками смерти на протяжении многих веков ассоциировались духовые инструменты. На одной из многочисленных графических иллюстраций Гудвин показывает одну из самых известных гравюр Гольбейна 1538 года под названием «Кладбище», на которой скелеты маршируют по улицам, играя на духовых инструментах [Goodwin 1988, вклейка 5 «Cemetery»]. И, опираясь на ассоциации с группой инструментов, Сэмюэлс утверждает, что трели и группетто, отсылающие к военным маршам, можно использовать для обозначения мотива плясок смерти [Samuels 1995: 131]. II часть с ее маршеподобным размером $\frac{2}{2}$ и высоко звучащим мотивом группетто, присутствующим в разделе C, представляет собой аллюзию на военные марши, а также на триоли и группетто, исполняемые высокими по звучанию духовыми инструментами в военных оркестрах. Но это не гольбейновская версия плясок смерти образца XVI века — с таким невероятно быстрым темпом и выразительными акцентами это марш первой половины XX века, когда носителями смерти стали танки, самолеты, бомбы и иные автоматизированные средства ведения войны. Интертекстуальные музыкальные отсылки еще больше усиливают обновленную версию плясок смерти в этой части. Как уже отмечалось, начало части отсылает к Восьмой симфонии, ор. 65, Шостаковича (1943), а использованная цитата взята из его же Фортепианного трио № 2, ор. 67 (1943–1944), оба произведения написаны во время Второй мировой войны, когда страны оси и силы союзников исполняли кровопролитное па-де-де, поглотившее несколько континентов и сведшее в могилу миллионы солдат и гражданских[22]. Если быть точнее, Шостакович начал работать над Фортепианным трио № 2, ор. 67, в конце 1943 года, завершив его в 1944 году. Темп произведения и значительное использование еврейских музыкальных мотивов в квартете за-

---

[22] Более полное рассмотрение взаимосвязей между Восьмым и Третьим струнными квартетами, Восьмой и Девятой симфониями см. в [Kuhn 2005: 201–206].

ставили Элизабет Уилсон и других исследователей предположить, что на Шостаковича оказали влияния отчеты Василия Гроссмана о Треблинке и истории о том, как еврейских заключенных заставляли танцевать на только что вырытых ими могилах, которые вскоре ими же и заполнялись [Wilson 2006: 225][23]. Независимо от того, повлияло ли это на процесс сочинения Трио или нет, произведение неразрывно связано с данным периодом, став обозначением (токеном) плясок смерти в масштабной музыкальной тематике XX века[24]. Гудвин отмечает, что в XIX веке «современные художники часто использовали мотив [плясок смерти] в очевидной связи с апокалиптическим переходом к новому мировому порядку» [Goodwin 1988: 62]. Можно утверждать, что марш смерти в этом скерцо отражает турбулентность, охватившую западный мир в первой половине XX века и действительно приведшую к новому мировому порядку.

Пляска мертвых

«Смерть может исполнять любой танец, но ее *хоровод (Reigen)* чаще всего начинается с вальса» [Ibid.: 132]. Скерцо III части больше соответствует мотиву плясок смерти, унаследованному Шостаковичем от XIX столетия. Здесь внимание по-прежнему приковано к скрипке, но теперь она играет роль церемониймейстера на грандиозном балу. После марша смерти во II части звучит III часть, которая с цитатой из Концерта для виолончели № 1, ор. 107 (возникающей дважды, подобно появлениям цитат из Первой симфонии и Фортепианного трио № 2 в предыдущих частях), по сути, является пляской мертвых. Если пляска смерти II части является проявлением как физического, так и психоло-

---

[23] См. также [Fanning 2004: 79; McCreless 1995: 113]. Мотив группетто раздела C трио также добавляет еврейский колорит.

[24] Более «личностные» интерпретации III части, в которых содержится большое число повторений мотива DSCH в сочетании с его мотивной взаимосвязью с еврейскими элементами, справедливо ведут к прочтению III части как личной идентификации Шостаковича с репрессированными, см. [Fanning 2004: 81; Graybill 2005: 199–200].

гического ужаса, то последующая пляска мертвых носит более механистичный характер, вызывая в воображении образ ожившего трупа.

Эта часть имеет форму вальса и трио, а вальсовая часть со своими трясучими стаккатированными нотами и хроматизмами поверх аккомпанемента в ритме «ум-па-па» напоминает образ скелетов, с грохотом водящих круги в бальном танце. По словам Фаннинга, «несмотря на поверхностное оживление, [III часть] звучит глухо из-за приглушенного тембра, кружащихся повторений DSCH, открытых струн, зацикленных трелей и т. д., как будто индивидуальность музыки иссякает» [Fanning 1988: 47]. Первая скрипка начинает часть с мотива DSCH на *fff*, завершаясь озорной трелью на си-бекар (которую дублирует вторая скрипка). Затем скрипка выдает завораживающее соло, хроматически опускаясь на две октавы. Это вступление подготавливает почву для фантастического вальса, где за четырьмя стаккатированными восьмыми следуют четвертные ноты на сильной доле, что сразу же напоминает «Пляски смерти», ор. 40, Сен-Санса. На R. 39 вступает новосочиненная тема, которая поначалу придает вальсу немного плавности, но вскоре к звучанию возвращается гротескность изначальной темы, и на R. 41 вступительный вальс возвращается окончательно. В R. 41.14 альт резко меняет размер на alla breve. Первая скрипка вступает на слабую долю мотивом DSCH, который, вместо разрешения на полтона вверх, прыгает на малую сексту, подготавливая почву для появления цитаты из Первого виолончельного концерта (R. 43). Сразу же становясь частью музыкальной ткани гротескного танца, стаккатированная восходящая мелодия виолончельного концерта служит для перехода музыки в раздел трио.

Трио, начинающееся в R. 44, представляет собой аккомпанемент, полный скользящих хроматизмов в параллельных квартах и квинтах, и неестественно высокую мелодию виолончели[25].

---

[25] Шостакович использует скользящий хроматизм в разделе трио II части Шестого квартета, что я интерпретировала как поверхностный признак провала классической эпистемы в контроле разрыва Реального.

Переход от вальса к трио, по сути, переносит музыку от физического танца к его психологическим воздействиям, поскольку скользящие партии трио предполагают музыкальное воплощение головокружительных эффектов от соблазнительного притяжения вальса. В большей части исследования Гудвин рассматривает гендерные свойства плясок смерти, утверждая, что маскулинная версия — это метафора бунта, а феминизированные представления всегда эротизируются. Бал-маскарад и вальс становятся в плясках смерти комментарием к краху женственности. По словам Гудвин, «вальс предвещает неприятности. Часто это глубоко тревожный символ публично демонстрируемой сексуальности, его головокружительные части — это метафорический вихрь, вызывающий всевозможные замешательства» [Goodwin 1988: 133]. Вальс — это средство обольщения, а его воздействие — вихреобразное замешательство, от которого у женщин кружится голова, они становятся слабыми и будто бы бессильными перед чарами Смерти [Ibid.: 123–161; Samuels 1995: 127]. Трио из III части Восьмого квартета, казалось бы, вводит это головокружение при помощи скользящей хроматичности и гармонической нестабильности, проявляя опьяняющий эффект вальса Смерти во всей его мощи. Хроматический аккомпанемент в сочетании с напряженным тембром мелодии также придает этой части ощущение потусторонности, а альт tacet создает ощущение пустоты в сердцевине квартета, сродни пустотности тел, танцующих без собственных душ. Неудивительно, что именно мотив DSCH, по всей видимости, управляет этим головокружительным представлением, поскольку мелодия, довлеющая над призрачным зрелищем, исходит не из чего иного, как из этого мотива. Как показано в примере 4.6, начальные девять тактов мелодии виолончели так и не выходят за пределы высот звука мотива DSCH, и когда виолончель все-таки оказывается за пределами этого сета, мелодия остается по преимуществу октатонической (исключение составляют тетрахорд [0134] в R. 44.14–15 и ре-бемоль на сильной доле R 44.16).

По завершении трио возвращается сокращенная версия вальса (в R. 46), сопровождаемая цитатой из виолончельного концер-

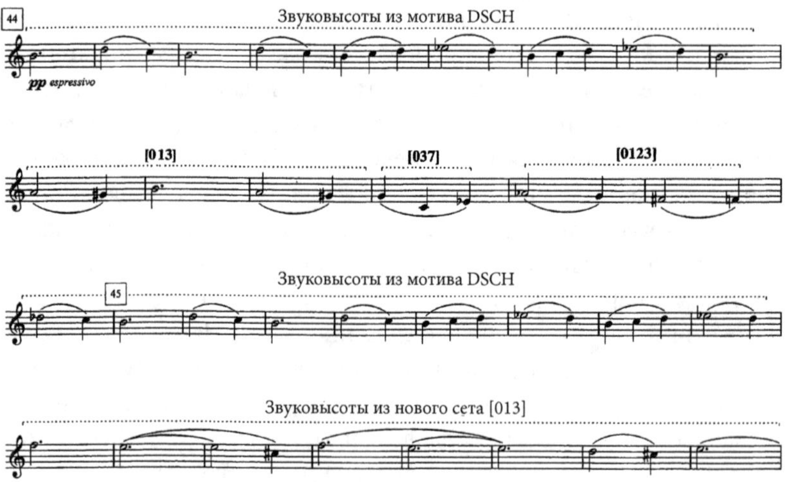

Пример 4.6. Квартет № 8, III часть, тема виолончели в трио

та, от которой строится переход к IV части. По мере приближения плясок смерти к концу звучание нот удлиняется, а скорость изменения высоты звука замедляется. Заключительные пять звуковысот III части — си-бекар, ля-диез, си-бекар, соль-диез и ля-диез — образуют субряд [013] сета звуковысотного ряда DSCH, звуча как первые пять нот секвенции «Dies irae» — и теперь, когда марш смерти и пляска мертвых уже отзвучали, начинаются похороны[26].

Похоронный плач

Отмеченная *Largo*, IV часть недотягивает по темпу до предыдущих частей, однако не уступает им по интенсивности. Вкупе с цитатами из русской революционной песни, оперы Шостаковича «Леди Макбет Мценского уезда» и аллюзиями на сцены

[26] Для краткого рассмотрения использования аллюзий на секвенцию Dies Irae в музыке Шостаковича см. [Roseberry 1989: 329].

смерти (будь то фрагмент из музыки Шостаковича к фильму «Молодая гвардия» или из «Гибели богов» Вагнера) эта часть остро напоминает об эмоциональном опустошении. Впервые в квартете музыка, не написанная Шостаковичем, цитируется напрямую — цитата из революционной песни «Замучен тяжелой неволей» открывает эту часть. Кроме того, нарушается циклический аспект использования цитат в частях по отдельности. Вместо того чтобы призвать первую цитату, революционную песню, во второй раз, второе цитирование — это заключительная любовная ария Катерины из оперы Шостаковича «Леди Макбет Мценского уезда». Обе цитаты приводятся в одном разделе.

В примере 4.7 показано, что IV часть начинается с обозначения тональности до-диез минор и двумя сетами аккордов из восьмых нот (состоящих из фа-дубль-диез и ля-бекар), которые трижды повторяются под аккомпанемент бурдона на ля-диез у первой скрипки. Два сета аккордов повторяются три раза (переходя от диады фа-дубль-диез — ля-бекар к диаде до-диез — ре-диез и к третьей группе, где диада до-диез — ре-диез в первом сете разрешается в фа-диезное трезвучие во втором), разделенные паузами и трезвучием в арпеджио (начинающимся с третьей ступени и нисходящим к тонике, а затем поднимающимся к пятой ступени). Хотя повторяющиеся аккорды, безусловно, заимствованы из аккомпанемента, приведенного в цитате из виолончельного концерта, они, возможно, отсылают еще и к повторяющимся аккордам одной из самых потрясающе эффектных сцен смерти в истории музыки. В частности, повторяющиеся аккорды в квартете отсылают к мотиву «смертельного удара» в «Гибели богов», который звучит непосредственно после того, как Хаген убивает Зигфрида. В «Гибели богов» мотив «смертельного удара» представляет собой сет двух аккордов, исполняемых дважды, а в Восьмом квартете дважды исполняются три аккорда. Следует признать, что намек на сцену смерти Зигфрида довольно неочевидный — в дополнение к количеству повторений различаются еще и ритмические акценты, и оба повторения сета в Восьмом квартете начинаются на сильной доле, а в «Гибели богов» второй сет аккордов начинается на слабой доле (см. пример 4.8).

Пример 4.7. Квартет № 8, IV часть, вступительный раздел (А)

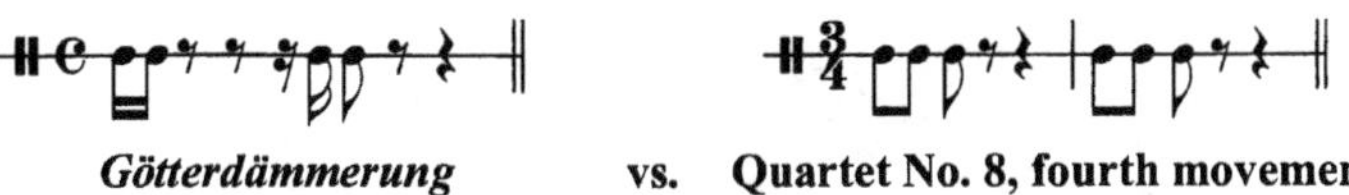

Пример 4.8. Сравнение ритмов: «Гибель богов» и Восьмой квартет, IV часть

Однако Фаннинг, скептически относящийся к взаимосвязям с «Гибелью богов», утверждает, что программная привязка к «похоронам героя» очевидна из-за аллюзий к сцене «Смерть героев» в партитуре музыки Шостаковича к фильму «Молодая гвардия». Кроме того, сам Шостакович заявлял, что в квартете он ссылается на «Гибель богов» (см. письмо к Гликману), и это заставляет Фаннинга предположить, что если в произведении и имеется намек на «Гибель богов», то это он и есть [Fanning 2004: 108–109][27]. В дополнение к неопределенным отсылкам к мотиву «смертельного удара», арпеджио минорного трезвучия, которые следуют за двумя наборами повторяющихся аккордов в Восьмом квартете, имеют тот же мелодический контур, что и «мотив судьбы» в «Гибели богов», который следует вскоре после мотива «смертельного удара» (см. пример 4.9 и «Гибель богов», акт III, сцена 2, такты 852–853, где мелодическая линия идет в первой части партии тромбонов, пятью тактами позже первого повторения мотива «смертельного удара»; мотив повторяется вместе с мелодией у тромбона в тактах 860–861 и у валторны в тактах 863–864). Собранные воедино, повторяющиеся аккорды и мелодический контур следующей за ними мелодии создают призрачную отсылку к смерти Зигфрида. Призрак «Гибели богов» действительно призрачен; его крайне завуалированное представление имеет жутковатый оттенок, поскольку нам так и не удастся быть уверенными в его присутствии. В IV части Восьмого квартета музы-

[27] Как Фаннинг, так и Крамер обсуждают сходство повторяющихся аккордов, за которыми следует арпеджио, с другим памятником культуры — мотивом «Muss es sein?» из бетховенского Струнного квартета № 16, op. 135. См. [Fanning 2004: 108–109; Kramer 2001: 238].

Пример 4.9. «Гибель богов»: мотив судьбы

ка возвращается дважды, образуя разделы A, обрамляющие два раздела медленного мелодического материала, поддерживаемого полым, схожим с бурдоном аккомпанементом, что придает части форму рондо (ABACA).

Первый куплет (раздел B рондо) представляет собой дуэт первой скрипки и нижестоящих инструментов (в параллельных октавах), состоящий из мелодий с интервалами в тон, наполняющихся сетом [0134] и другим октатоническим тетрахордом, сетом [0235], в небольшом диапазоне. Ближе к концу раздела, в R. 56, возникает, вероятно, еще одна призрачная аллюзия на «Гибель богов», поскольку нижние инструменты имитируют контур одного из «любовных» мотивов, спетых Брунгильдой в ее финальной сцене. В частности, партия у нижних трех инструментов в R. 56.3–4 представляет собой транспонированную версию интервалов мелодии Брунгильды, когда она поет «laut'rer als er» в тактах 1288–1289. Разумеется, эта аллюзия может оказаться иллюзией, слишком туманным ощущением призрачного присутствия Брунгильды. После этого неявного эха Брунгильды раздел подходит к концу, и возвращаются «аккорды смерти».

Второй куплет (C) наполнен самыми яркими моментами этой части, а возможно, что и всего произведения, поскольку именно здесь, в последнем заклинании, музыка призывает самые эмоционально запоминающиеся призраки. Сначала, переходя в R. 58, Шостакович подробно цитирует революционную песню «Замучен тяжелой неволей». Мелодия звучит у первой скрипки поверх бурдона у виолончели и альта и неспешной гармонической поддержки от второй скрипки. Неподвижный бурдон нижних инструментов эффективно создает звуковую (и отчасти визуальную, если посмотреть на партитуру) ячейку, в которую включаются скрипки, усиливая внешние коннотации, вызываемые песней.

Пример 4.10. Квартет № 8, IV часть, ария Катерины

И все же именно цитата, начинающаяся с затакта к R. 62, вероятно, является эмоциональным центром произведения. Как показано в примере 4.10, первая скрипка становится одним из аккомпанирующих инструментов, передавая мелодию виолончели, которая, перекрывая другие инструменты, достигает верхней границы своего диапазона, цитируя финальную любовную мелодию Катерины из последней сцены оперы Шостаковича «Леди Макбет Мценского уезда». Помещенная в самый высокий регистр виолончели, действительно простая мелодическая линия обретает грубое и напряженное звучание и щемяще насыщенную красоту. Диапазон виолончели, мелодическая простота и помещение мелодии в «оглушительное Largo», за которым следуют два ожесточенных скерцо, — все это в совокупности заставляет цитату с болезненной ясностью излучать чувство эмоционального опустошения. В тот момент оперы, когда Катерина пропевает эту мелодию, она не осознает, что Сергей, ее возлюбленный, которого она радостно приветствует в этой строчке, ушел к другой женщине, — в опере это действительно любовная ария. Задним числом можно сказать, что эта мелодия с повторяющимся эхом (на более низком динамическом уровне) последнего восклицания Катерины «Сережа!» (R. 62.23–27), что не пропевается в опере, приобретает болезненный оттенок потерянной любви и предательства возлюбленного.

Таким образом, оба куплета будто бы заканчиваются отсылками к опере. Финальная мелодия раздела B, вероятно, отсылает к одной из величайших и идеальных историй любви в опере — Брунгильды и Зигфрида из «Гибели богов» Вагнера. Отсылка взята из финальной сцены «Гибели богов» незадолго до возжжения погребального костра Зигфрида, на котором Брунгильда совершает самосожжение. Отсылки к «Гибели богов» расплывчаты и туманны, как будто это последние звуки, еще звучащие в музыкальной вселенной из давно ушедшего мира, в котором когда-то стояла Валгалла. Тем временем раздел C заканчивается отсылками к «Леди Макбет Мценского уезда», а цитата вновь берется из финальной сцены, в которой действие происходит незадолго до того, как Катерина осознает предательство Сергея.

Ее ответом на измену становится акт самоубийства и одновременно убийства, когда она бросается (и утягивает за собой новую возлюбленную Сергея) в ледяную бурлящую реку навстречу смерти (довольно дисфорическая параллель смерти Зигфрида и Брунгильды). Сопоставление двух опер (в обеих из которых сюжетные линии связаны с супружеской неверностью), где первая заканчивается пламенем божественной любви, а вторая — бесконечным холодом абсолютного любовного предательства, как будто подчеркивает состояние Катерины.

После арии Катерины больше не о чем говорить: возвращаются аккорды смерти, а попытка скрипки сформировать мелодию растворяются в мотиве DSCH. IV часть завершается тактом тишины, за которым следует протяжное изложение мотива DSCH первой скрипкой, где каждая высота длится по такту; благодаря еще одной *attacca* звучание перетекает непосредственно в V часть. После проведения ритуала — марша смерти, плясок мертвых и похоронного марша — имя собственное все еще терзает музыку.

Все, что остается...

Заключительные четыре звуковысоты IV части — единственное сольное проявление субъекта фуги из V части на тему DSCH. После этого экспозиционного изложения мотив проходит через весь квартет инструментов, начинаясь в виолончели и создавая экспозицию фуги, чем напоминает начало I части, поскольку обе части начинаются движением мотива вверх по инструментам и звуковысотности. В отличие от I части, во время ответа альта на субъект фуги в виолончели последняя вводит трехтактовый контрсубъект, который, как показано в примере 4.11, состоит из нисходящего мотива в один такт, который сначала повторяется на той же высоте, а затем излагается в третий раз, но на тон ниже. Однотактовый мотив, создающий этот контрсубъект, является единственной отсылкой в финале к другому музыкальному произведению, поскольку мотив этот, наряду с возникающим при нем изначальным полутоновым конфликтом, исходит из аккомпанемента панирующей фигуры в последней сцене оперы Шостаковича «Леди Макбет Мценского уезда»[28]. (Как мы увидим, заключительная часть отсылает ко всем остальным частям Восьмого квартета.) Эта сцена происходит после самоубийства Катерины, так как мотив сопровождается продолжающимся маршем заключенных в Сибирь. В Восьмом квартете он сопровождает мотив DSCH в его кажущемся неумолимым шествии. Хотя восходящие изложения субъекта фуги в заключительной части напоминают начало I части, на этот раз заклинанию не удается привнести новую цитату. Вместо этого после короткого эпизода субъект возвращается, но контрсубъект уже не в состоянии поддерживать свое положение устойчивого дополнения субъекта. В последующих четырех изложениях фуги контрсубъект встречается с субъектом лишь однажды — в других случаях он либо вступает до субъекта, либо отсутствует частично или полностью.

Как показано в примере 4.12, однотактовый мотив, который создает контрсубъект, начинается довольно заметно за два такта до R. 69. Тем не менее этот пример также демонстрирует неспособность мотива контрсубъекта играть созидательную роль в создании музыки. Пример 4.12 подчеркивает, что непрерывные нисходящие изложения мотива контрсубъекта у альта составляют направленную вниз линию. Через два такта от R. 69.2 краткая область субъекта начинается с мотива DSCH в первой скрипке, но к последнему такту нисходящего движения альта остальные инструменты умолкают. В следующем такте молчат уже все инструменты. Этот такт тишины буквально резонирует пустотой. Контрсубъект пытается сплести музыкальную ткань, но все, что он может сделать, — это соединить повторения однотактового изложения мотива в нисходящую секвенцию. Без мотива DSCH, оживляющего и поддерживающего музыкальную реальность, сконструированная вселенная квартета быстро распадается. После такта паузы вторая скрипка вступает с сольным изложением контрсубъекта, за которым следует пауза еще в два такта. Короткое и вдумчивое соло создает ощущение неполноценности,

---

[28] См. [Taruskin 1997: 494; MacDonald 1990: 222; Fanning 2004: 122–125].

подчеркивая, что контрсубъект не способен составить существенную силу в музыкальной разработке[29].

Ответом на столь жалкое сольное изложение контрсубъекта второй скрипки является полная реверсия, поскольку музыка возвращается к началу *произведения*. В ответ на пустоту, образованную от неспособности контрсубъекта стать созидательной силой в V части, мотив DSCH появляется во всех четырех инструментах как представление субъекта фуги в стретто, воспроизводя начало I части. После всего, что произошло, вкупе с призыванием духов, произведение возвращается к тому, с чего начиналось. Но возвращение ко вступительной части — это повтор с одним отличием: на этот раз мотив не взывает к цитате. Во вступительной части после мотива DSCH в виде экспозиции фуги происходит первое призывание цитаты (из Первой симфонии). В IV части после регрессии к вступлению появляются четыре начальные звуковысоты из цитаты Первой симфонии (си, до, соль, ми-бемоль) (см. партию первой скрипки R. 71.6–7), но цитата целиком так и не появляется — мотив DSCH будто утрачивает свою призывательную силу[30]. Единственная музыка, которую еще можно призвать, — это контрсубъект, который в итоге звучит в тандеме с изложением субъекта, прежде чем раствориться в полутоновом нисходящем ходе на две звуковысоты. Теперь музыка вновь коллапсирует в пассаж из I части, на этот раз в *финальные такты*. Начиная с трех тактов после R. 72.1 музыка повторяет то, что появляется в третьем такте R. 10.3 I части. Произведение заканчивается квинтаккордом, альт

---

29 Эта интерпретация отличается от интерпретации Фаннинга, который утверждает, что «одна из главных музыкальных движущих сил последней части, контрсубъект, свой голос обретает: тихий, но бесконечно наводящий на размышления голос Музыки» [Fanning 2004: 128]. Я не согласна с доводом Фаннинга о том, что финал выходит за рамки контекстуальных аспектов и становится «чистой» музыкой, поскольку фуга в V части основана на продолжающем разрастаться имени собственном.

30 Фаннинг называет эти звуковысоты «цитатой с вычеркнутым продолжением» [Fanning 2004: 129]. Учитывая обширность цитат ранее, я утверждаю, что это отрицание призывания.

Пример 4.11. Квартет № 8, V часть, субъект и контрсубъект фуги

и виолончель удерживают C^2, скрипки — G^3, пустую оболочку трезвучия, которое, помеченное *morendo*, медленно угасает.

Как только что обсуждалось, то, что происходит во второй половине V части, представляет собой повторение I части — повторение без цитирования. В качестве музыкальных призраков, призываемых из других сочинений, цитаты действуют как следы прошлого — подавленные идеи возвращаются, преследуя нас в настоящем. Жижек называет симптомами такое возвращение подавленного — симптомами, с которыми приходится иметь дело в текущем контексте, в данном случае в Восьмом квартете [Žižek 1989: 55]. Однако, по словам Жижека, симптомы возвращаются не из прошлого, а из будущего. Первоначально они появляются как следы, проявляющиеся на музыкальном горизонте только для того, чтобы окончательно сформироваться по мере развития музыки. Преследуя нынешний музыкальный контекст, цитаты превращаются в часть актуального музыкального настоящего и вписываются в музыкальную ткань тем же путем, каким и будущее трансформируется в настоящее. Здесь цитаты становятся частью новой сети означающих Восьмого квартета, а не просто элементами прошлых музыкальных произведений, имеющими для нынешнего сочинения значение, выходящее за

Пример 4.12. Квартет № 8, V часть, второй и третий фрагменты

рамки их функций в предыдущих произведениях[31]. Отделением музыкальной цитаты от ее исторической преемственности отделяется именно означающее, а не само значение. Как утверждает Жижек, смысл «не открывается, не извлекается из глубин прошлого, а ретроактивно конструируется»[32]. Что накладывается

[31] Как отмечает Деррида, сам акт написания знака «несет в себе силу разрыва со своим контекстом <...> Эта сила — не случайный предикат, но сама структура написанного» [Derrida 1972: 309–330].

[32] См. [Жижек 1999: 61]. Научное исследование проблем цитирования в музыке быстро стало важной областью, хотя вопросы, связанные с самоцитированием, пока в основном не затрагивались; о последних исследованиях ци-

в текущем контексте, так это сеть означающего; благодаря такому сопоставлению могут происходить трансформации означаемого[33]. В качестве составной части ритуала призывания возвращение подавленного прорабатывается и интерпретируется в текущем контексте церемонии смерти — они становятся частью настоящего, а не просто представителями прошлого, — после чего, соответственно, симптомы исчезают.

Призывание не может реализовать свою цель, состоящую в том, чтобы наделить имя собственное устойчивым значением и дать ему определение. Историю нельзя призвать для придания смысла имени, поскольку, по словам Жижека, любой «исторический перелом <...> ретроактивно изменяет смысл всей традиции» [Жижек 1999: 62]. Это верно для всех означающих, как для имени собственного, так и для цитат. Как отмечает Юлия Кристева, «особенность, присущая каждому имени собственному, заключается в том, что в нем нет “исторической правды”» [Kristeva 1986: 235]. Постоянные переосмысления творчества Шостаковича в течение десятилетий, последовавших за его смертью, привели к подобному «историческому разрыву» и послужили ярким примером нестабильности исторического смысла. Аналогичным образом переосмысление музыкальных цитат в ритуале смерти, происходящее в Восьмом квартете, также показывает изменчивость их значения. Таким образом, попытка скроить смысл из цитат привела к тому, что мотив DSCH остался опустошенным. О неизбежном провале поиска мотивом смысла сообщается в самом начале сочинения — как только мотив осознает себя и начинает поиски смысла, он делится и отчуждается от самого себя. При каждом повторении субъект ускользал все дальше, подчеркивая отсутствие, выражаемое призраком. Вторая половина V части полностью раскрывает эту реальность — а именно,

---

тирования см. [Metzer 2003]. Недавнее исследование аллюзий в музыке см. в [Reynolds 2003: 1–22]. Обсуждения, связывающие аллюзии с музыкальными спектрами и «жутким», см. в [Kramer 2001: 258–287] и [Klein 2005: 77–107].

[33] Как отмечает Бахтин, даже прошлые смыслы не стабильны, поскольку они будут меняться по мере развития того, что он обозначает как «диалог» [Бахтин 1979].

бессодержательность поисков мотивом смысла, поскольку в конце произведения остаются лишь полые оболочки — I части, трезвучия, имени собственного.

Автономность через фиаско

В конце произведения оказывается, что мотив, пустое означающее, является единственной константой в квартете. Цитаты — в качестве симптомов прошлого — как появляются, так и исчезают, растворяясь в расширенной сетке значений. И все же мотив остается. В квартете он присутствует повсеместно, в конечном счете заслоняя все остальное, поскольку целиком заполняет заключительную часть. Как уже отмечалось в начале главы, мотив DSCH, лишенный значения, по сути, является материализацией отсутствия. Это позитивизация пустоты, придание символической формы тому, что не может быть символизировано. Такая позитивизация отсутствия возникает, когда воображение пытается объективизировать Реальное (Ф) — когда кто-то пытается подтолкнуть Реальное к символизации, — и является означающим пустого ядра, вокруг которого строится реальность. Этот мотив, «объективация пустоты» [Жижек 1999: 101], представляет собой нечто несуществующее; но в то же время это единственное, что реально существует. С выхолащиванием символической формы имени собственного мы переживаем символизацию отношений нашей сконструированной вселенной к Реальному, поскольку в конечном счете реальность сосредотачивается вокруг пустоты точно так же, как имя собственное является оболочкой, лишенной значения.

Таким образом, в заключительной части мотив DSCH показывает, что он — это нечто большее, нежели поверхностная составляющая квартета; это и есть сам квартет. В попытке придать этому мотиву историческую обусловленность цитаты призывались квартетом лишь для того, чтобы во время церемонии смерти рассеялись симптомы, однако мотив устранить невозможно — квартет не в состоянии справиться с этим симптомом. Его «реальная природа всегда ускользает от нас»; реально его надвигающееся присутствие, заслоняющее все остальное и отрицающее интегрирование [Там же: 179]. Мотив сопротивляется любой попытке символического встраивания и создает удушающую атмосферу, поскольку блокирует способность квартета к музыкальному развитию. Вездесущий, пронизывающий все произведение мотив не позволяет квартету существовать свободно. Однако — как это заметно ближе к окончанию финальной части, когда контрсубъект сворачивается до молчания, — если бы Восьмой квартет был освобожден от влияния мотива, его бы уже не существовало. Музыка может вызывать и устранять другие симптомы, но она не может уничтожить саму суть собственного существования[34].

Таким образом, этот мотив — то, что выковывает музыкальную субъектность Восьмого квартета. Проблематика субъектности поднимает вопросы эстетической автономности, к которым обращаются и Фаннинг, и Крамер в своих интерпретациях этого произведения. Фаннинг утверждает, что заключительная часть — это единственная завершенная музыкальная форма во всем квартете. В частности, I часть он характеризует использованием «тактики отвлечения» вместо созидания формы, а два скерцо, оба подразумевающие танцевальную форму и трио, «на поздних стадиях сокращаются и остаются незавершенными». IV часть отражает необычный характер I части, согласуясь с не-преемственностью формы [Fanning 2004: 131, 132–139]. Фаннинг утверждает, что форма I части — это неудавшаяся фуга и что эта неудача образует музыкальную проблему, которую три последующие части не в состоянии устранить. И остается финальная часть, целиком проработанная фуга, компенсирующая и «исправляющая» ущерб, нанесенный неудавшейся I частью [Ibid.: 60]. По мнению Фаннинга, поскольку в финале отсутствуют музыкальные цитаты и при этом музыкальная форма воплощается полностью, эта часть выходит за рамки контекстуальных и музыкальных границ, сдерживающих предыдущие части. «Прежде

[34] По словам Даниэла Чуа, «пустой знак — одновременно “ничто и все сразу”» [Chua 1999: 170].

всего пресечение цитат и аллюзий в последней части — их вытеснение полностью проработанной фугой, которую намеренно сдерживали в I части, — свидетельствует о преодолении программной зависимости и окончательном триумфе философского осмысления» [Ibid.: 137]. Таким образом, для Фаннинга V часть — это акт «трагедии поглощенной и трансцендентной» [Ibid.: 135]. Тем не менее, несмотря на то что фуга очищается от цитат, одна очень важная музыкальная отсылка присутствует — фуга основана на субъекте, являющемся именем собственным. Таким образом, мотив DSCH достигает новой глубины в проникновении в музыкальную текстуру, становясь единственным означающим в V части. Музыка, возможно, и преодолела программную зависимость, создаваемую призыванием цитат, но все еще терзается именем собственным.

Крамер интерпретирует мотив DSCH как проявление чистого влечения, с которым нужно примириться, и утверждает, что «квартет может основываться на неудаче или невозможности любого подобного примирения» [Kramer 2001: 234][35]. Крамер утверждает, что квартет движим «круговым движением» и что квартет, как нечто целое, управляется «жесткой», хотя и сложной, симметричной структурой в нисходящей спирали. Он считает, что «музыка как будто привязана к колесу формы, которая утратила свою способность к осмыслению, но отчаянно цепляется за исчерпавшие себя означающие прошлого смысла» [Kramer 2001: 236]. Результатом, по мнению Крамера, является произведение, создающее имитацию трагедии, «псевдотрагедию», в которой «за фасадом совсем — не осталось — ничего» [Ibid.: 233]. Фаннинг отмечает, что интерпретация Крамером структуры квартета имеет недостаток, поскольку I часть не является фугой (как утверждает Крамер), и, таким образом, целиком сформированная фуга в финале указывает на некоторые изменения («трансфигурации», по выражению Фаннинга) [Fanning 2004: 129]. В результате Крамер в значительной степени опирается на сомнительную интерпретацию произведения как циклической структуры и не

---

[35] Полностью рассуждения см. [Ibid.: 232–240].

исследует то, что скрывается за поверхностью. Таким образом, если Фаннинг игнорирует имя собственное, утверждая, что финальная часть создает смысл, преодолевая программную зависимость и становясь «Музыкой», лишенной внешних знаков, то Крамер утверждает, что пустота, стоящая за мотивом DSCH, делает его присутствие в финале бессмысленным.

Из-за повсеместного главенства в финале мотива DSCH квартету так и не удается преодолеть этот мотив. Тем не менее я утверждаю, что именно в этой неудаче квартет проявляет свою автономию. В книге «История искусства и автономия» Грегг Горовиц предлагает чрезвычайно убедительную модель того, как автономия проявляется в произведениях искусства — то есть как представлена автономность (обладание автономией). Он утверждает, что для того, чтобы произведение искусства было автономным, оно должно продемонстрировать свою собственную несвободу — оно должно «обнаружить себя неспособным убежать от мира, за пределы которого стремится выйти» [Horowitz 1997: 274]. Поскольку произведение искусства не может существовать вне ограничений, успешное произведение — то, которое демонстрирует свое несоответствие условиям, в которых вынуждено существовать [Ibid.: 270]. С точки зрения автономности это означает, что не только само произведение неизбежно останется неавтономным, поскольку автономия не может преодолеть его материальную репрезентацию, но и репрезентация эта может считаться успешной лишь в случае своей провальности: произведение должно продемонстрировать свою несвободу. В подтверждение своей точки зрения Горовиц использует пример с «Рабами» Микеланджело [Ibid.: 270–272]. В каждой из этих больших незаконченных статуй мы видим человека, пытающегося выбраться из камня, который, несмотря на незавершенность скульптуры, все еще сдерживает его. Однако, как отмечает Горовиц, «если бы они освободились от мрамора, то просто испарились бы» [Ibid.: 270]. В Восьмом струнном квартете мотив DSCH является средством музыкальной репрезентации, с помощью которой квартет стремится преодолеть подавляющее и ограничивающее присутствие собственного материала. Именно благодаря такой вовлеченности мотива квартет демонстрирует несостоятельность собственной автономии. В квартете мы улавливаем проблеск субъективного небытия, трансмутацию субъекта репрезентации в пар — нечто подобное произошло бы, если бы «Рабы» Микеланджело покинули свой камень, — а ближе к окончанию произведения мы слышим пустоту, вакуум — он возникает, когда мотив DSCH, имя собственное, перестает быть катализатором одушевления музыки. Мы неоднократно видели проблески вакуума, которые видны, когда мотив прекращает создавать музыку. Первое проявление — это ощущение пустоты в окончании II части, когда цитата из фортепианного трио в crescendo переходит в оглушительную тишину. Второе проявление такого отсутствия происходит на R. 46 в III части, где музыка, казалось бы, распадается в пустоту прежде, чем появляется мотив, возобновляющий дьявольский вальс. Обратите внимание также на фрагмент из пяти тактов до окончания IV части. Крамер отмечает это отсутствие, утверждая, что здесь мы наблюдаем «мантру субъекта на краю пустоты» [Kramer 2001: 235]. В каждом из этих случаев именно мотив перезапускает музыку, неоднократно демонстрируя зависимость квартета от этого мотива в самом его создании.

Таким образом, из-за того, что мотив не интегрируется, при всем его масштабном присутствии и упорной повторяемости, финал не оказывается полностью лишенным смысла, как заставляет нас думать Крамер. Благодаря настойчивому повторению, демонстрирующему отказ от интегрирования, мотив DSCH вызывает символическое присвоение [Жижек 1999]. Если перефразировать Горовица, то все, за что может сражаться квартет, — это одновременно то, что дает ему возможность существовать [Horowitz 1997: 272]. Пока призывание духов скрывает тот факт, что мотив — это именно то, что составляет идентичность музыки, ближе к окончанию произведения основная материя музыки, мотив DSCH, выдвигается на передний план музыкальной фактуры. Однако в финале оказывается, что мотив DSCH — это и есть та самая материя, от которой произведение стремится освободиться. Пытаясь освободиться от мотива, музыка обнаруживает, что распад мотива также приведет к исчезновению музыкальной вселенной, и музыка становится, по словам Горовица, «рабом того, что [она] стремится превзойти» [Ibid.]. Если историографическое созвездие, создаваемое путем призывания цитат, может допускать различные интерпретации, то имя собственное, жесткий десигнатор, сопротивляется попыткам символического интегрирования.

Ричард Тарускин находит Восьмой квартет «ослабленным» «стенографической» передачей цитат и всепроницаемостью мотива DSCH. В результате у него не возникает ощущения «возвращения с обновленным предвкушением открытия» [Taruskin 1997: 495]. Тарускин указывает на то, что по своей сути мотив, как неподвижный объект, лишает квартет содержания, разрушая тем самым саму структуру смысла, которую он стремится создать. Доминируя в музыкальном дискурсе настолько, что музыкальное развитие блокируется, мотив, по терминологии Жижека, показывает, что «на символическом уровне что-то “не сработало” <...> в *неудавшейся символизации* обретается позитивное существование» [Žižek 1992: 105]. Тарускин также предполагает, что риторическая сторона Восьмого квартета в итоге отражает несвободу композитора[36], ибо на протяжении всего квартета мы можем расслышать ограничения в повседневном быту и культурный гнет, существовавшие при советском режиме. Однако то, что ослабляет квартет (по словам Тарускина), в то же время позволяет иметь ему такую риторическую символику. Материализация неудачи в отказе мотива интегрироваться в символическую вселенную, означая несвободу композитора, также является тем, что придает квартету конструктивное существование в качестве признака автономии композитора. В конечном счете из-за неспособности интегрироваться в символический дискурс означающее становится символизируемым. Другими словами, именно демонстрируя

---

[36] (Курсив автора. — *Прим. пер.*) См. [Taruskin 1997: 495]. Крамер разделяет это чувство, заявляя, что квартет является «медитацией на притворство, воспринимаемое как необходимое средство личного и эстетического выживания в тоталитарном государстве» [Kramer 2001: 232].

свою несостоятельность, квартет оказывается способен символизировать автономность, потерпев неудачу в борьбе за нее. Это отличается от аргументации Фаннинга, утверждающего, что Восьмой струнный квартет — «это музыка, которая освобождает себя от оков собственного контекста» [Fanning 2004: 3]. Я утверждаю, что самим фактом того, что музыка не может освободиться от оков мотива DSCH, квартет демонстрирует свою неспособность быть свободным и, следовательно, демонстрирует свою непримиримость, свой *отказ* примиряться с условиями, в которых он существует. Точно так же, как в чисто музыкальном контексте навязчивость цитирования в сконструированной музыкой вселенной скрывает тот факт, что мотив — это именно и есть произведение, даже более, чем произведение само по себе, чисто автобиографические интерпретации затмевают более фундаментальный смысл сочинения — они отбрасывают тень на произведение подобно тому, как контуры современного человеческого субъекта обрисовываются через собственную бесчеловечность. Безуспешная борьба, изображенная в квартете, — это борьба, которую ведут не только композитор и советский человек в качестве наиболее ярких примеров, но и в конечном итоге каждый современный субъект, стремящийся к отрицаемой автономии.

Демонстрируя несостоятельность своей автономии, Восьмой струнный квартет документирует несвободу композитора в частности, но в конечном счете и несвободу современного субъекта в целом. Именно благодаря такому изображению неудачи, через демонстрацию сопротивления имени собственного всем попыткам символической интеграции, квартет становится манифестацией человеческой способности к выживанию. Благодаря дистопическому описанию бытия квартет способен дать представление (пусть и негативное) о позитивной вселенной. Словно подчеркивая двойственное отображение квартетом утопической борьбы за свободу против жестокости и произвола власти, что определяет повседневное существование, финальные пометки в партитуре и дата окончания квартета указывают, что этот квартет-манифестация был завершен 1 июля 1960 года — в день взятия Бастилии.

Глава 5
Неделимый остаток

Романизация в Девятом струнном квартете, op. 117 (1964)[1]

> Все это фиаско на самом деле было историческим апокалипсисом, провал которого поставил современность в тупик. Что вы делаете, когда остаетесь позади вашего собственного апокалипсиса?
>
> *Дэниэл Чуа* [Chua 1999: 246]

> Описание громоздкое, но музыка волшебная.
>
> *Найл О'Лафлин о Девятом квартете* [O'Loughlin 1974: 745]

В квартетах с Шестого по Восьмой происходит процесс интенсификации, объединяющий их в нечто, что напоминает цикл. Этот цикл начинается со сравнительно беспечного Шестого квартета, проходит через более смертоносный Седьмой и достигает своего пика — а на самом деле низшей точки, своего рода надира, — с наполненным безысходностью Восьмым квартетом. Одновременно с эскалацией эмоциональной напряженности в музыке усиливаются патологические нарушения Реального, которые так или иначе связаны с мотивом DSCH. Реальное проявляется в Шестом квартете в виде невинной каденции, присутствие которой становится все более жутким по мере ее повторения при окончании каждой части. Тоны мотива DSCH

---

[1] Девятый квартет посвящен Ирине Антоновне Шостакович.

представлены у инструментов по вертикали в апогее каденциального хода виолончели (см. пример 2.2). Я утверждаю, что постоянное присутствие каденции разрушает символические вселенные, созданные в отдельных частях произведения, служа постоянным напоминанием о том, что эти реальности — лишь конструкты. Как ни интерпретируй эти постоянные возвращения, нескончаемое повторение каденции исподволь, но в то же время резко переосмысляет музыкальный нарратив квартета: в Седьмом квартете визуализация Реального просачивается в сердцевину произведения с помощью звуковысотного сета [0134] — главного в произведении. Сет [0134] вырывается на поверхность в конце II части, давая ход заключительной III части, где фуга становится воплощением чистого и единственного в своем роде влечения. Несмотря на то, что это абстрактная версия звуковысотного сета мотива DSCH, уменьшенная кварта, являющаяся одной из определяющих характеристик мотива, в Седьмом квартете сохраняется. Вертикализированный в Шестом струнном квартете и абстрактный в Седьмом, в Восьмом квартете этот мотив, по словам Лонгмана, делает «очевидным то, что намеренно скрывалось в предыдущем [Седьмом] квартете» [Longman 1989, 1: 186]. Визуализация Реального происходит с самого начала Восьмого квартета, когда мотив DSCH начинает произведение и становится навязчивой идеей, с должной монотонностью преобладая в квартете. Непрекращающееся возвращение мотива, исключающее все остальное, лишает заключительную часть иного музыкального материала, и мотив начинает олицетворять утрату, на которой основывается реальность современного субъекта. Таким образом, заявленные в Шестом квартете как «тривиальные» прививания в конце каждой части, к Восьмому квартету вторжения Реального становятся повсеместной чертой музыкального дискурса, вытеснившего все остальное.

В какой-то степени в каждом из трех квартетов находится способ управлять и сдерживать разрывы Реального в рамках созданной ими музыкальной вселенной; однако по мере того, как масштабы разрывов увеличиваются, Реальное начинает формировать квартеты на все более ощутимом уровне. В Шестом квартете небольшая частичка Реального воздействует на сконструированную музыкальную вселенную минимально деструктивным образом. В Седьмом квартете III часть, выступающая разработкой и репризой крупной сонатной формы, создаваемой произведением, играет роль символического займа и приводит к концу чистое влечение. Разрыв с Реальным ощущается на всем протяжении Восьмого квартета, и разрушение, вызванное этим произведением, поистине катастрофично. Почти все структуры, которые могли бы образовать смысл, аннигилируются к окончанию заключительной части, которая завершается призрачными пустотами — пустыми оболочками мотивного материала, I части и трезвучия. В некотором смысле квартет документирует почти апокалиптическое разрушение своей музыкальной вселенной. Но необходимо подчеркнуть, что именно «почти»; с Восьмым квартетом история не завершается. Завершение финала может показаться полым, но оно все же есть — что-то пережило почти полное уничтожение музыкального субъекта квартета. Явная нарративная сила Восьмого квартета, отчасти благодаря непрекращающемуся повторению мотива DSCH, указывает на выжившее. В конечном счете окончание квартета доказывает дальнейшее существование субъекта квартета, показывая, что после всего, что произошло, субъект все еще остается. Хотя Восьмой квартет недвусмысленно заявляет о наличии катастрофы, документируя разрушения апокалиптических масштабов, этот апокалипсис не приводит к окончательному финалу. По мере звучания финальных нот Восьмого квартета оказывается, что итог вновь оказывается невозможным.

Фрэнк Кермоуд отмечает, что трагедия бесконечного мира следует за апокалипсисом: «Когда наступает конец, он оказывается не только более ужасающим, чем кто-либо ожидал, но и вовсе является чистым образом ужаса, не вещью в себе <...> Мир продолжает существовать в руках истощенных выживших» [Kermode 1967: 82; Derrida 1984]. Процесс отображения Реального, начавшийся в Шестом квартете, достигает предела в Восьмом квартете, где заключительная часть угрожает полностью разрушить музыкальную вселенную. «Конец», однако, не наступает; по словам Кермоуда, измученные люди, те, кто выжил, остаются и продолжают жить. Согласно тезисам Кермоуда, в лакановском психоанализе ни один акт не считается завершенным: нечто всегда остается, какой-то неучтенный избыток. Для Лакана пережившие подобное апокалиптическое событие — это «неделимый остаток», избыток, «который невозможно объяснить при помощи какой бы то ни было символической идеализации» [Жижек 2014: 63, 217] — другими словами, это воплощения Реального. То есть неделимый остаток представляет собой то, что не может быть выражено в апокалиптическом дискурсе — что останутся выжившие. Изможденные выжившие становятся представителями отображения Реального — они представляют собой разрывы в символической реальности. Как обсуждалось в главе 2, брешь между Реальным и символизированным должна восприниматься «как нечто, определяющее саму нашу *человеческую ситуацию — condition humaine*» [Žižek 1992: 36]. После апокалиптического события эти выжившие сталкиваются с задачей конструирования реальности, которая должна интегрировать и принять бессмысленность их дальнейшего существования.

Как следовать за окончанием, не приводящим к завершению? Если и должен произойти Девятый квартет, то как сочинять после апокалипсиса? Невозможно продолжать процесс постоянного усиления интенсивности, подпитываемого мотивом DSCH и его звуковысотным сетом, что имело место с Шестого по Восьмой квартет. С Восьмым квартетом дисфорический, апокалиптический нарратив доводится до предела, оставляя в произведении лишь опустошенные оболочки музыкальной структуры. Хотя ясны не все факты, связанные с написанием Девятого квартета, мы знаем, что Шостаковичу потребовалось четыре года и множество попыток, прежде чем был создан достойный последователь Восьмого квартета[2]. Осознанно или нет, но при

---

[2] В своем предисловии к публикации недавно обнаруженного «Незавершенного квартета» Ольга Дигонская и Ольга Домбровская обобщают то, что мы знаем о попытках Шостаковича написать Девятый струнный квартет [Дигонская, Добмбровская 2005: 6–8]. См. также [Wilson 2006: 434–5]. В период между сочинением Восьмого (1960) и Девятого (1964) струнных квартетов

этом Шостакович создал произведение, выходящее за рамки нарративной траектории предыдущих квартетов и в то же время реагирующее на кризис, выраженный нарративом Восьмого квартета. Девятый струнный квартет можно рассматривать как разрушение барьера, созданного тремя квартетами, и как гуманизированное интегрирование ранее патологических вторжений сета [0134] в символическую реальность квартета. Альтернативная по сравнению с предшествующей траектория нарратива Девятого квартета может рассматриваться с точки зрения различий между эпосом и романом.

Эпос против романа

В докладе «Эпос и роман» Михаил Бахтин проводит различие между стилизованным, «абсолютным» прошлым эпоса и открытой, развивающейся реальностью, которую можно обнаружить в романе[3]. Действие эпоса разворачивается в прошлом, которое настолько отдалено, что образовавшаяся пропасть непреодолима. Это место, где все «абсолютно и завершено <...> все готово и закончено сполна» [Бахтин 1975: 459]. Это место непоколебимых протагонистов и нарративных траекторий, которые никогда не отклоняются от заданного маршрута. «Начало идеализуется, конец омрачняется...» [Там же: 463] — таковы эпопеи. Романы, с другой стороны, обращены не к далекому прошлому, а к нынешней реальности. В эпосе есть лишь один язык, один голос, ко-

---

восстало из пепла еще одно произведение Шостаковича— опера «Леди Макбет Мценского уезда» переродилась под названием «Катерина Измайлова» (1954–1963, премьера 08.01.1963). Кроме того, первым сочинением, начатым и завершенным после создания Восьмого квартета (не считая музыки к фильму, над которой он был вынужден работать во время сочинения Восьмого квартета), стала Тринадцатая симфония («Бабий Яр») — произведение, которое можно считать данью памяти «апокалиптическому» разрушению и выжившим после него (1962, премьера 18.12.1962).

[3] См. [Бахтин 1975]. Теория романа Бахтина сложна и разнообразна; ее обзор см. в [Dentith 1995: 41–64]. Семиотическое переосмысление различия Бахтиным эпоса и романа см. в [Kristeva 1970: 62–73].

торый все знает и об этом повествует. В романе присутствует множество языков, многообразие голосов, схваченных в моменте развития. Короче говоря, эпос — это одноголосный дискурс; а роман — многоголосный дискурс. Там, где эпос пророчествует, роман предсказывает [Бахтин 1975: 473]; в то время как эпос должен завершиться смертью, романы изображают реалии «неистребимого и вечно обновляющегося, всегда современного жизненного процесса» [Там же: 479]. Эпос заканчивается в завершенности; роман содержит нереализованный «избыток человечности» [Там же].

Используя определения Бахтина, мы можем интерпретировать квартеты с Шестого по Восьмой как создающие нарративную траекторию эпической формы. Шестой квартет начинается со стилизованной невинности, идеализированной утопии, которая говорит о прошлом, — это абсолютное прошлое, «отгороженное непроницаемой гранью» [Там же: 459], создаваемой каденцией. Седьмой квартет сужает фокус повествования, а сет [0134] начинает доминировать в музыкальном дискурсе и предвещает бурю последующей фуги. Эпическая дистанция упрочняется в Восьмом квартете, поскольку мир, в котором квартет существует, находится полностью во власти одноголосного мотива DSCH. В Восьмом квартете происходит «канонизация событий» [Там же: 458], приводящая к катастрофе, лишающей музыкальный субъект всякого потенциала к продолжению [Там же: 458–459]. Таким образом, три квартета проходят путь от «идеализированного» начала Шестого квартета к «мрачному» финалу Восьмого квартета.

Тогда как мотив DSCH или звуковысотный сет [0134] играют важную роль в создании музыкальных разрывов, приводящих к философскому кризису Восьмого струнного квартета, заранее предопределенная замкнутая траектория эпического произведения, создаваемого отдельными квартетами и группой из трех квартетов в целом, подчеркивается повторением завершающего материала. Каждый квартет использует один и тот же материал для завершения, и в последующих квартетах продолжительность повторяемого материала увеличивается. Более того, этот завершающий материал присутствует в музыкальной ткани квартета с самого начала — изначально предопределяя финал произведений.

В главе 2 проводилась мысль, что каждая часть Шестого квартета заканчивается одним и тем же каденциальным жестом и что эта каденция также является первой каденцией произведения (см. пример 2.1). В седьмом струнном квартете кода I части возвращается в качестве коды III и IV частей (см. примеры 3.1 и 3.4). В коде используется музыка из перехода, соединяющего экспозицию, репризу и вступительную музыкальную тему произведения. Таким образом, две части Седьмого квартета, имеющие устойчивое окончание, используют одно и то же завершение, частично созданное из музыки, с которой произведение начинается. Наконец, вторая половина финала Восьмого квартета является точной копией крайних разделов I части, а части, находящиеся между ними, заканчиваются нестабильностью и пометками *attacca* (возможно, все они в той или иной мере являются «неудавшимися» структурами). В целом несмотря на то, что квартеты с Шестого по Восьмой состоят из нескольких частей, каждый из них содержит только по одному пассажу функционально завершающего материала, и этот материал отсылает к музыке, звучащей в начале соответствующих произведений. В результате с каждым последующим квартетом происходит все более масштабное воспроизведение заключительного материала, сопровождающееся увеличением интенсивности помех, создаваемых мотивом DSCH или сетом [0134]. Это двойное усиление заключительного материала и риторических разрывов подчеркивает предопределенное пророческое свойство, подобное тому, что создается эпическим нарративом квартетов с Шестого по Восьмой.

Но, как отмечает Бахтин, по мере того как значимость романа возрастала, его дискурсивные черты начали проникать в другие жанры, включая эпос [Бахтин 1975: 450]. «Романизацию» (по терминологии Бахтина) Восьмого квартета можно заметить в момент, когда абсолютная дистанция этого апокалиптического произведения начинает сокращаться, а теоретическому звуковысотному сету дается имя собственное, что связывает произведение с неопределенным настоящим. С окончанием Восьмого квартета наступает конец эпического цикла, но реальность продолжается. То, что происходит в конце Восьмого квартета, — это не конец истории, но, говоря словами Деррида, «конец Истории» [Деррида 2006: 30] — *определенного* ее концепта, в данном случае эпической истории, которая приводит к апокалиптическому событию. Более полная «романизация» дискурса струнного квартета происходит в Девятом квартете, поскольку здесь один голос больше не говорит монологически из абсолютного эпического прошлого. Вместо этого звучат множество голосов из реальности жизни после апокалипсиса, составляемой неделимым остатком[4]. Процесс, происходящий в Девятом квартете, следует призыву Аттали к созданию новой музыкальной эпистемы, которая «ведет к <...> концепции истории <...> открытой и нестабильной» [Attali 1999: 147]. Девятый квартет, как и заключительную часть Шестого, можно интерпретировать как воплощение желания Аттали создать новый способ сочинения музыки [Ibid.: 134].

Полностью преодолев абсолютность дистанции, Девятый квартет использует некоторые аспекты предыдущих квартетов для создания новой реальности. В этом смысле Девятый квартет следует по пути, намеченному IV частью Шестого струнного квартета (пути, по которому не пошли Седьмой и Восьмой квартеты). IV часть не избегает Реального; вместо этого она пытается переориентировать знание таким образом, чтобы разрыв Реального можно было безболезненно интегрировать в создаваемую

---

4 Полин Фэйрклаф отмечает, что, если учитывать заметное присутствие автора во всех *сочинениях* Шостаковича, его музыка не является представителем «“полифонии” в бахтианском смысле», поскольку «понятие авторского голоса в музыке Шостаковича предполагается постоянно» [Fairclough 2006: 63–64]. Тем не менее, если мы рассмотрим концепцию полифонии с точки зрения шкалы, как предлагает Дентит, то Девятый струнный квартет можно охарактеризовать как «более полифонический» по сравнению с предыдущими квартетами из-за отсутствия в нем авторского обозначающего в виде мотива DSCH или его звуковысот, а также риторически усиленного звуковысотного ряда [0134]. См. [Dentith 1995: 45].

реальность. Таким образом, IV часть обращается к знанию, полученному в ходе предыдущих частей (и эпистем), и использует эти знания для создания новой совокупности знаний — той, что признает бессмысленность реальности. Девятый квартет не особенно сильно отличается от предшествующих квартетов, поскольку заимствует формальные решения у Седьмого и Восьмого квартетов. В частности, адажио IV части композиционно повторяет ту же часть в Восьмом квартете; а всеобъемлющий и циклический финал с разделом фуги, коим является заключительная часть Седьмого квартета, возвращается в финальной части Девятого квартета. Тем не менее, заимствуя формальные схемы Седьмого и Восьмого квартетов, Девятый квартет в гораздо большем масштабе воплощает идею создания новой эпистемы, едва обозначенную в Шестом квартете. Вступая на путь, отличный от предшествующих квартетов, Девятый квартет составляет новый нарратив для еще-не-сочиненного, где части предшествующих квартетов тесно переплетаются с повседневностью, создавая рассеянный и всеобъемлющий квартет с семантическим и семиотическим открытым финалом современной реальности.

Неделимый остаток

Девятый квартет состоит из пяти частей, исполняемых без пауз. Произведение имеет форму «быстро — медленно — быстро — медленно — быстро», которая подразумевает общее наращивание темпа посредством быстрых частей (I часть помечена Moderato con moto, III часть — Allegretto, а V часть — Allegro). Первые четыре части сочинения представляют собой краткие фрагменты-образы, в то время как V часть выступает как гранд-финал, подводящий итог квартету в целом. Благодаря циклическому возвращению материала из предшествующих частей финал становится напряженным и грозным.

Форма IV части Девятого квартета повторяет форму IV части Восьмого квартета. На самом базовом уровне они представляют собой медленные части в форме пятичастного рондо. В примере 5.1 показан первый раздел A IV части Девятого квартета. Соответствующий раздел в Восьмом квартете (см. пример 4.7) представляет собой сопоставимый рефрен: оба составлены при минимуме мелодического материала в трех нижних инструментах, поверх которых первая скрипка исполняет бурдон или схожий с ним аккомпанемент (осциллирующая фигура в Девятом квартете). Кроме того, в Восьмом квартете есть сходство между двумя куплетами (разделы B и C): это сходство усиливается в Девятом квартете.

Хотя предпоследние части Восьмого и Девятого квартетов имеют схожую формальную структуру, с точки зрения риторики они сильно отличаются. Рондо в Восьмом квартете — это кипучая энергия, панихида высочайшей интенсивности, где выразительные повторяющиеся аккорды рефренов контрастируют в куплетных ламентациях, равных им по эмоциональной силе. В куплетных разделах в Восьмом квартете используются цитаты из песни «Замучен тяжелой неволей» и заключительной арии Катерины в «Леди Макбет Мценского уезда». Разделы-рефрены фактически помещают в кавычки эти отсылки к музыкальной истории, предшествующей квартету, отражая то, что цитаты взяты из далекого и недостижимого прошлого.

В IV части Девятого квартета, напротив, разделы рондо окружаются новыми, крайне индивидуализированными выражениями. Если рефрены обладают медленными, октатоническими мелодиями с осциллирующим аккомпанементом, то куплеты состоят из множества самобытных пассажей речитативного толка. Первый куплет, раздел B, показанный в примере 5.2, делится на две части. Первая часть состоит из короткого хроматического соло первой скрипки, а вторая часть включает в себя другое соло, уже у второй скрипки, состоящее из серий pizzicato и аккордов на нескольких струнах. Верхние ноты этих аккордов представляют собой костяк мелодии раздела A. Второй куплет (C) построен аналогичным образом: мелодический речитатив с последующим pizzicato-соло. (В разделах pizzicato у обоих куплетов практически целиком используются октатонические субряды.) Кроме того, во втором куплете (C) добавлен третий сегмент, где три нижних инструмента исполняют гексахордовый бурдон [012567], поверх

Пример 5.1. Квартет № 9, I часть, раздел А

которого первая скрипка выводит чрезвычайно хроматическую мелодию, охватывающую три октавы (см. пример 5.7).

Оба куплета Девятого квартета в высшей степени хроматичны, линеарные соло на деле не мелодичны, а громоздкость разделов pizzicato невозможно скрыть при исполнении. Хотя обе части и написаны в схожей манере соло, каждое из этих поразительных соло обладает своими уникальными элементами. Я интерпретирую их в Девятом квартете как неделимый остаток, разрывающий поверхность музыкального дискурса. Таким образом, куплеты представляют собой индивидуализированные выражения повседневной реальности — по Кермоуду, голоса измученных выживших. В отличие от элементов из предшествующего Восьмого квартета, это не стилизованно возвышенные эпические ламен-

Пример 5.2. Квартет № 9, I часть, раздел B

тации, но лязгающие звуки повседневности. Подобно тому как сет [0134] вырывается на поверхность II части Седьмого квартета, в этих крайне индивидуализированных партиях неделимый остаток выходит на поверхность музыкального дискурса. И все же здесь, в разрыве музыкальной ткани, через отображение Реального, голоса измученных выживших получают возможность говорить. В Восьмом квартете рондо является частью пророчества, которое в состоянии привести лишь к последующему разорению; рондо в Девятом квартете — это место перерождения. Таким образом, IV часть Девятого квартета открывает путь к диффузному финалу, который, по выражению Бахтина, является зоной «максимального контакта с настоящим (современностью) в его незавершенности» [Бахтин 1975: 455].

Репетиционные метки	Тематический материал	Тональный центр	Комментарии
Экспозиция			
Область основной темы			
59	Основная тема 1 (P^1)	E♭ (модальный)	Размер $\frac{3}{4}$
65	Основная тема 2 (P^2)	e → b♭	Начало гармонического перехода
67	$P^{1'}$	(e)	
68	Переход (тематический)		
Область побочной темы			
69	Побочная тема 1 (S^1)	b♭ (модальный)	Близкая к фолку, октатоническая
71	Побочная тема 2 (S^2)	неопределенный	Сольная виолончель как самый высокий инструмент
75	переход		
Разработка			
9.9	P^1		
80.9	Фуга, основанная на P^1		
87	Кульминация фуги	C (модальный)	
89	Циклическое возвращение из IV части		
	Виолончель соло из C3	C	
	Виолончель pizzicato из C2	E♭	
	Виолончель соло из C3	F	
	Группа pizzicato из B2	E♭	

Репетиционные метки	Тематический материал	Тональный центр	Комментарии
91	Осциллирующая фигура	C	Переход к репризе
Реприза			
92	P[1]	E♭	
96	S[2] — виолончель соло	неопределенный	
98	S[1]	E♭	
100	P[1]		«Кода»
103	Кульминация		Включает каденциальный и осциллирующий мотивы, мотив из III части, глиссандо, ♯4Ш

Рис. 5.1. Квартет № 9, V часть, краткий обзор

Настоящее с «открытым финалом»

Финал является во многом самой крупной частью квартета — он более чем в два раза длиннее по сравнению с первыми четырьмя частями. Циклическое возвращение тем наряду с напряжением и масштабностью создают телеологическую траекторию произведения, кульминацией которой становится сложная сонатная форма, изнурительное *tour de force*. Эта часть представляет собой сонату, в которой каждый раздел стремится к развитию, а реприза возвращает темы, прозвучавшие ранее в финале и в предыдущих частях. Сложная формальная конструкция части представлена на рис. 5.1.

Область главной темы состоит из двух тем (P^1 и P^2), создающих малую форму ABA. При повторе P^1 (в R. 67) становится на полтона выше (ми-бекар) при увеличившемся аккомпанементе в виолончели и альте, которые составляют сет [0134] (используя звуковысотные классы ми-бекар, фа, до-диез, ре) на фоне непрерывного бурдона на соль, который поддерживает октатинические свойства аккомпанемента. (Позже этот аккомпанемент возвращается к остинатной форме.) Звучание нарастает к R. 68, где у двух нижезвучащих инструментов — гулкие квинтаккорды на си-бемоль, которые периодически поднимаются на увеличенную кварту, отмечая начало тематического перехода в первую тему области побочной темы (S^1, которая начинается в R. 69).

Как видно в примере 5.3, близкая к фолку тема S^1 поверх ревущего аккомпанемента заканчивается скачком на октаву, за которым следует решительная реакция второй скрипки в арочном абрисе сета [0134], заканчивающегося собственным скачком на октаву, на этот раз с пометкой *glissando*. В R. 71 побочная тема области S (S^2) начинается у виолончели, которая исполняет мелодию на пределе своего регистра, и в большинстве случаев поверх тонов остальных инструментов. Извилистая мелодия виолончели чрезвычайно хроматична, в конечном счете она охватывает 11 из 12 тонов хроматической гаммы, но, как показано в примере 5.4, этот хроматизм организован в виде групп октатонических субрядов, которые пользуются каждой из трех возможных октатонических гамм. Когда виолончель доводит до конца мелодию S^2, текстура дробится, ненадолго возвращается S^1, и экспозиция начинает плавно переходить в разработку.

В качестве разработки финала Девятого струнного квартета Шостакович пишет фугу — композиционный прием, уже использованный им в первой половине финальной части Седьмого квартета. После краткого вступления, включающего в себя сопоставление и наслоение материала P^1 и арочного абриса сета [0134] из S^1, первая скрипка вводит субъект фуги в R. 80.10. Как показано в примере 5.5, фуга основывается на материалах из P^1 и состоит в основном из октатонических субрядов (единственным исключением является такт нисходящих кварт, составляющих трихорд [027]). Как ранее проговаривалось, в Седьмом квартете фуга, субъект которой почти полностью состоит из октатонических субрядов, также действует как разработка (в более широком

Пример 5.3. Квартет № 9, V часть, основная тема S (S^1)

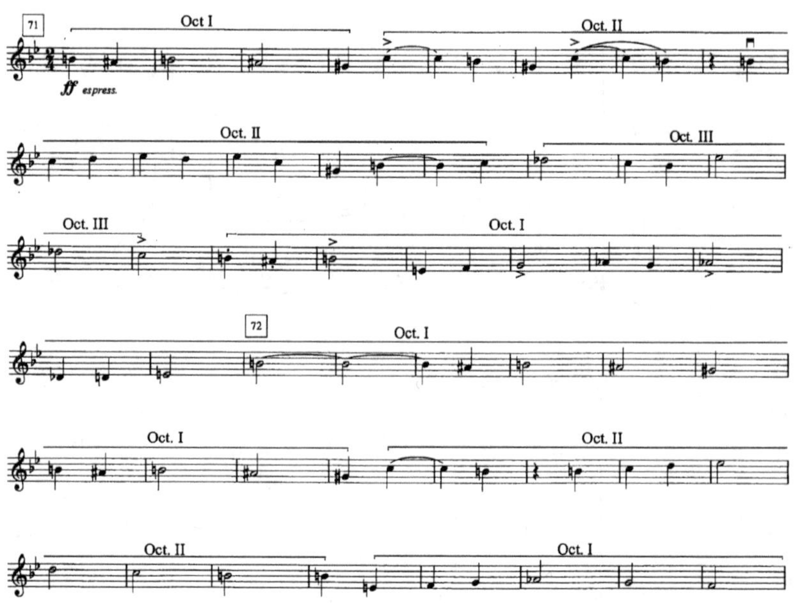

Пример 5.4. Квартет № 9, V часть, мелодия виолончели S^2

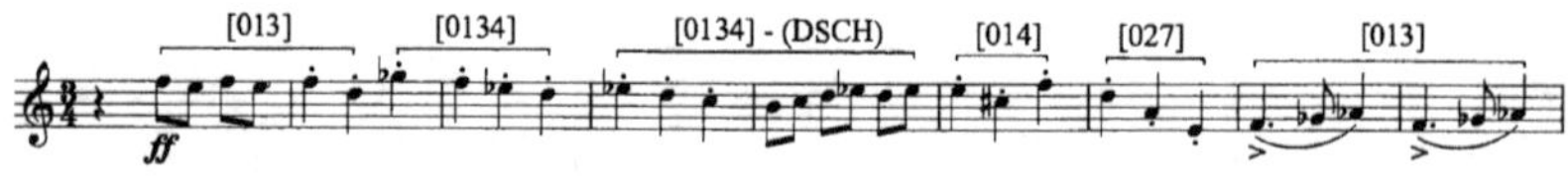

Пример 5.5. Квартет № 9, V часть, субъект фуги

масштабе сонатной формы квартета в целом). Таким образом, фуга в Седьмом квартете выполняет ту же формальную функцию, что и фуга в финале Девятого квартета, и обе фуги завершаются кульминацией части и произведения в целом. Однако композиционная трактовка субъекта фуги в Девятом и Седьмом квартетах довольно сильно отличаются, поскольку фуге Девятого квартета недостает тех характеристик, которые создавали ощущение дисфорического изобилия в Седьмом квартете. В Седьмом

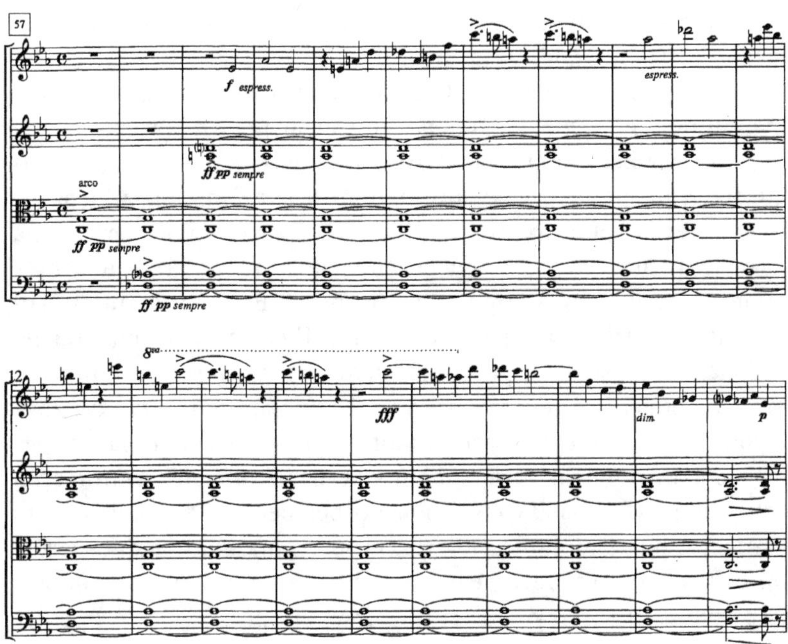

Пример 5.6. Квартет № 9, IV часть, раздел C3

квартете субъект фуги с его стремительными шестнадцатыми и пунктирным ритмом непрерывно повторяется в самой ожесточенной манере. Единственная «переработка» субъекта происходит, когда он противопоставляется самому себе в резком стретто. В Девятом квартете субъект состоит в основном из четвертных нот всего с двумя (разделенными) тактами восьмых нот, и такой субъект перерабатывается инверсиями (как строгими, так и модифицированными). Отсутствуют резкие скачки и жесткие диссонансы. В Девятом квартете для сгущения фактуры обильно используются параллельные трезвучия, часто смешиваемые как с минорным, так и с мажорным трезвучиями. Хотя фуга в Девятом квартете состоит не только из консонантных интервалов, по мере того как фактура уплотняется, музыка как будто все больше отражает какофонию повседневной жизни, а не резкий диссонанс, выявляемый в Седьмом квартете.

Когда фуги Седьмого и Девятого квартетов достигают своих кульминаций, возвращается вступительный ритмический жест, прежде чем раствориться в гоморитмической фактуре шестнадцатых или тремоло. С кульминациями фуг Седьмого и Девятого квартетов происходит возвращение тематического материала из более ранних частей произведения, но риторикой эти повторы вновь сильно отличаются друг от друга[5]. В кульминационный момент Седьмого квартета мелодия из II части возвращается на изначальной высоте, превращаясь в неистовый вопль. Эта ожесточенная версия темы распадается под напором музыки, движущейся к финальной кульминации фуги — она наступает через шесть тактов после возвращения темы, с которой начинается сочинение. И вновь это жесткое возвращение к тому, что было раньше, при непроницаемой фактуре и динамических пометках *fff*. В Девятом квартете речитативы вновь появляются в новом порядке, с иным звучанием и фактурой, по ходу расширения неделимого остатка до многоголосия.

В примере 5.6 показана третья часть второго куплета IV части Девятого квартета. Здесь первая скрипка исполняет мелодию под гексахордовый бурдон. Циклическое повторение этого материала показано в примере 5.7. В V части виолончель исполняет сокращенную версию мелодии второго куплета поверх нового гексахорда, составленного из тремоло. В примере 5.7 показано, как виолончель переходит к цитированию *pizzicato* аккордов альта из второго куплета IV части. После этого виолончель возвращается с другой, сокращенной версией мелодии из этого куплета, на этот раз заканчиваясь нисходящим трихордом [013] на изначальной звуковысоте. На протяжении всего такта царит тишина перед финальным возвращением речитатива, во время

---

5 Это нашло отражение в посвящениях, сделанных к двум квартетам. Седьмой квартет был написан в память о первой жене Шостаковича Нине, скончавшейся почти за пять лет до создания произведения; Девятый квартет посвящен его супруге на тот момент, Ирине.

которого все инструменты объединяются для исполнения расширенной и модифицированной версии *pizzicato*-аккордов из раздела B IV части. После последнего *pizzicato*-аккорда перед началом репризы музыка замолкает. Реприза начинается с первой скрипки, исполняющей медленный, затихающий волнообразный мотив на до и ре-бемоль, что непосредственно отсылает к пульсации до/ре-бемоль, которая вводила раздел A IV части. Тематическая жесткость Шостаковича, столь часто встречающаяся в его музыке и в финале Седьмого квартета в частности, явно не является риторической чертой Девятого квартета. Здесь тематические идеи возвращаются не для того, чтобы подвергнуться грубому механическому воспроизведению, но чтобы развиться и более гибким образом расшириться.

Множество голосов

Заслуживает рассмотрения еще один аспект финальной части Девятого квартета: в заключительных тактах музыка неожиданно переходит к ля мажору перед каденцией в родной тональности ми-бемоль. Использование ♯4Ш, в частности ля-бекар, в Девятом квартете уже имело прецеденты. Во вступительном представлении мелодии I части, показанном в примере 5.8, первая скрипка начинает с навязчивого вступительного мотива, оканчивающегося на ля-бекар, действующий как ♯4Ш. Тот же самый ля-бекар возвращается в конце части в виде бурдона, соединяющего I и II части, становясь ♭3Ш в фа-диез минорной тональности II части. Тем не менее переход и расширение ♯IV ступени непосредственно перед финальной каденцией произведения — нестандартный ход. Однако выбор ♯4Ш может объясняться использованием октатонического набора, в частности той его версии, в полном виде представленной в репризе.

По мере сгущения фактуры в репризе, в верхних голосах начинает появляться остинатный аккомпанемент, использующий стаккатирующие четвертные ноты с непрерывными мелодическими повторениями двух сетов [013] (до, ре-бемоль, ми-бемоль и ре-бемоль, ми-бемоль, фа-бемоль), которые объединяются

sffff pp
sffff pp
sffff pp
ff espress.
pizz.
ff
arco
p espress.
ff
p
90
pizz.
ppp
ff
pizz.
ppp
pizz.
ff
ppp
pizz.
ppp
ff

Пример 5.7. Квартет № 9, V часть, циклическое возвращение материала IV части

в один сет [0134]. Колебание в пределах трихордов [013] — это устойчивый соль-бекар у второй скрипки, который также принадлежит тому же октатоническому сету. По мере продолжения репризы S^2 вступает на R. 96, вновь на самом пределе диапазона виолончели. За два такта до R. 98 появляется мотив, состоящий из сета анапестов, за которыми следуют чередующиеся кварты, возвещая о возвращении S^1, и остинато переходит к альту и виолончели (в обоих случаях в двойных нотах). В конце представления темы, когда первая скрипка держит финальную ноту мелодии на протяжении двух тактов (в R. 98.13–14), шестой тон — соль-бемоль, тоже включающийся в октатонический набор, — добавляется к аккомпанементу в альте и виолончели. В примере 5.9 показаны эти два такта. Кроме того, вторая скрипка исполняет такт чередующихся кварт, за которыми следует инверсия мотивного материала из S1. После того как вторая скрипка добавляется к бурдону первой скрипки и к остинато альта и виолончели, в этих двух тактах представлен полный октатонический набор. Используя ми-бемоль как «тонику», написание октатонической гаммы можно представить следующим образом: ми-бемоль, ми-бекар, фа-диез, соль, ля, си-бемоль, до, ре-бемоль. Сеты из октатонического набора появлялись на протяжении всего произведения, и в этих двух тактах абстрактный набор обретает окончательную форму.

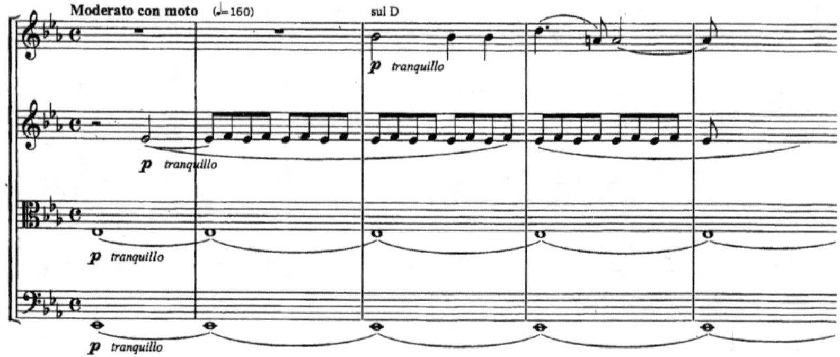

Пример 5.8. Квартет № 9, V часть, вступительные такты

Пример 5.9. Квартет № 9, V часть, R. 98.13–14

В коде, которая начинается в R. 100, в последний раз возвращаются важные мотивы всего произведения, в том числе октавные прыжки *glissando* и каденциальная идея I части, включающая мелодический мотив 1Ш–3Ш–2Ш–1Ш. (Этот каденциальный мотив появляется в разное время на протяжении всего произведения, как с мажорным, так и с минорным трезвучием, а также с диатонической секундой и малой секундой.) Заключительные такты части показаны в примере 5.10. Здесь во второй скрипке звучит осциллирующий мотив, а в первой скрипке — каденци-

Пример 5.10. Квартет № 9, V часть, финальные такты

альный мотив. Через пять тактов после R. 105 скачки *glissando* переводят музыку в более высокий диапазон от тонального центра ми-бемоль к ля-бекар — ♯4Ш. После четырех тактов музыка переходит непосредственно к финальной каденции в тональности ми-бемоль.

Возвращение и расширение ля-бекара в конце заключительной части, а также постоянное использование ♯4Ш осмысляются посредством этой октатонической гаммы, поскольку она не содержит диатоническую 4Ш для ми-бемоль, но имеет ♯4Ш. Подобно квартетам с Шестого по Восьмой, Девятый наполнен октатоническими субрядами, но здесь сет [0134] не патологизирован до жуткого каданса, неистовой фуги или масштабного навязчивого присутствия. Кроме того, чтобы оставаться отображением настоящего с открытым финалом, Девятый квартет не может полностью регрессировать в прошлые тональные структуры — идеализированная стилизация Шестого квартета уже доказала, что «целиком и полностью невинность вернуть невозможно» [Epstein 1999: 25]. Умберто Эко, рассуждая об открытом произведении, отмечает, что, когда система коммуникации «чужда исторической ситуации», художник должен изобрести новые «формальные структуры» [Эко 2004: 3]. Оставаясь в настоящем, Девятый квартет вместо этого «сочиняет» новую структуру, позволяя разнообразию языков существовать посредством наложения, сопоставления и в конечном счете интеграции тональности и октатоники. Так что, хотя родной тональностью произведения может быть и ми-бемоль, различные ступени звукоряда могут происходить как от ми-бемольной диатонической гаммы, так и от октатонической гаммы, как показано в прим. 5.10. Использование ♯4Ш на протяжении всего квартета объясняется ролью этой доминантовой октатонической гаммы, поскольку она не включает диатоническую 4Ш, дабы использовать ми-бемоль, но имеет ♯4Ш. По мере того как октатонический сет вплетается в музыкальную реальность, 4Ш приобретает все большую роль. Здесь, в заключительных тактах, интеграция октатонической гаммы в произведение завершена и показывает, что Девятый квартет создан не посредством языка, входящего в языки уже сложившиеся, официально признанные, достигшие господства», а вместо этого содержит целое «из разноречивых, разноголосых, разностильных и часто разноязычных» голосов [Бахтин 1975: 125, 78].

После громкого заявления ля мажора инструменты опускаются на две октавы. (Таким образом, поскольку ♯4Ш также функционирует как ♭5Ш, ля мажор служит единственно возможной доминантой для финальной каденции.) Однако даже здесь октатоническая гамма продолжает оказывать свое влияние, поскольку в музыкальном дискурсе остаются и соль-бекар, и соль-бемоль. Несмотря на завершение на *fff* мощной каденциальной фигурой, музыка не обладает безусловным завершением; диссонанс соль-бекар/соль-бемоль в предпоследнем такте затемняет звучание и вносит неопределенность. В дополнение к нотам, отмеченным в партитуре, есть еще тот факт, что струнный ансамбль, взявшийся исполнять это сочинение, будет вынужден делать это *attacca*, то есть без перерывов между частями для донастройки. Проблемы с интонированием вписаны в произведение. К последним тактам, даже без диссонанса соль-бекар/соль-бемоль, абсолютная чистота тона едва ли будет достижима, учитывая использование открытых струн. Произведение завершается мощным кадансом, но искаженным интегрированными диатонической и октатонической гаммами и самим характером произведения. Наконец, Девятый квартет не затихает — пометка *morendo*, характерная для предшествующих квартетов, здесь отсутствует. Финальная каденция Девятого квартета выявляет то, что его реальность является лишь одной из многих возможных реальностей; она не неизбежна, не произвольна и несет в себе другие возможности [Бахтин 1975]. Квартет завершается решительным утверждением измученных выживших, которых теперь воплощают исполнители, запятнанные бесчинствами, существующими в реальности квартета.

Эпилог
Музыка и Реальное

> Не может быть единого (одного) смысла. Поэтому не может быть ни первого, ни последнего смысла, он всегда между смыслами, звено в смысловой цепи, которая только одна в своем целом может быть реальной.
>
> *М. Бахтин* [Бахтин 1979: 350]

> Порвалась дней связующая нить.
>
> *У. Шекспир. Гамлет (пер. Б. Пастернака)*

Что имеет в виду Гамлет, когда утверждает: «Порвалась дней связующая нить»? В «Призраках Маркса» Деррида тратит бесчисленные страницы на деконструкцию этого предложения, выворачивая его наизнанку, переворачивая, смотря на него со всех сторон — риторический акт, который мало кто смог бы исполнить с такой долей проникновенности. В какой-то момент данного процесса Деррида довольно четко дает определение: «“Порвалась дней связующая нить”: что-то сейчас не так, все *идет* не так, как *должно*» [Деррида 2006: 40]. Что бы ни происходило, это ненормально. Конечная причина этого ощущения «порванной нити» не обязательно артикулируется, *но* просто ощущается. Аналогично этому Жижек пишет, что «современная субъективность появляется, когда субъект ощущает себя “оторванным от связующей нити”, *исключенным* из “порядка вещей”, из позитивного порядка сущностей» [Жижек 2014: 218]. Таким образом, современная субъектность возникает через негативность, исключение, посредством ощущения, что что-то не так, что чего-то не хватает.

И я утверждаю, что именно здесь появляется музыка, поскольку именно с помощью музыки становится возможно ощущению «порванной нити» обрести материальное воплощение.

Лоуренс Крамер отмечает, что в тексте и изображениях избыточный остаток, приводящий в движение герменевтический процесс — разрывы Реального, — часто оказывается бестелесным, «следом невысказанного или неувиденного» [Kramer 2006: 269][1]. В отличие от этого, утверждает Крамер, в музыке Реальное предстает в позитивном существе; благодаря музыке остаток «материален и ощущаем. Понимание этого является основой как музыкального наслаждения, так и музыкальной силы. Музыка не просто обладает “остатком”; она воплощает свой остаток» [Ibid.: 269]. В этом исследовании Крамер рассматривает специфический музыкальный феномен, который он называет «говорящей мелодией» и который возникает, когда мелодия, связываемая с текстом, звучит бессловесно. Однако аргумент Крамера о материальности музыки верен и на более фундаментальном уровне, поскольку, в некотором смысле, слушая музыку, в том числе музыку Шостаковича, человек ощущает вторжение Реального, поскольку сама музыка является вторжением Реального. Как постулировалось в начале этого исследования, с вхождением субъекта в область языка образуется брешь, поскольку язык в конечном счете оказывается недостаточным при попытке выразить весь жизненный опыт. Если перефразировать Адорно, символический порядок не исчерпывает задуманного, и людям остается лишь постоянно заполнять эту пустоту[2]. Таким образом, музыку можно рассматривать как позитивное воплощение пустоты, возникающей в лингвистическом процессе символизации, и как один из способов, с помощью которых мы пытаемся «заполнить брешь в самой сердцевине нашего бытия» [Eagleton 1996: 146]. Музыка становится дополнением к языку, поскольку с помощью музыки

---

1 Это эссе представляет собой одно из самых прямых рассмотрений Реального и использования данной концепции Жижеком.

2 «Это [противоречие] указывает на ложность тождества, на тот факт, что концепт не исчерпывает задуманную вещь» [Адорно 2003].

мы слышим то, что невозможно выразить словами, — музыка придает позитивную форму чувствам, которые иначе были бы невыразимы.

Рассматриваемая с такой точки зрения, музыка Шостаковича озвучивает несформулированное в лингвистическом процессе и исключенное из Символического; то, что предшествует словам и лежит за их пределами. Я утверждаю, что в творчестве Шостаковича мы слышим то самое невыразимое при восклицании Гамлета «Порвалась дней связующая нить» — эта музыка дает позитивное выражение разобщенности, несоответствия и неоднозначности, что лежат в основе современной субъективности. Таким образом, колоссальная смысловая наполненность музыки Шостаковича заключается в ее способности придать позитивную форму этому ощущению отсутствия. Удовольствие, равно как и неудовольствие, испытываемое слушателем при прослушивании музыки Шостаковича, проистекает из способности музыки выразить в материальных терминах недостаточность позитивизма, ощущаемую в современной субъективности. Выражая ощущение «порванной нити» и отчужденности, музыка Шостаковича проявляет в себе фундаментальный элемент, лежащий в основе современной субъективности. Делая это, музыка заполняет брешь, возникающую при вхождении субъекта в язык, при радикальном разрыве с Реальным. То, что современный субъект не может поместить в символический порядок, обретает голос. Субъект слышит символизацию того, что идет не так, как должно: точку вывиха реальности.

Интерпретируя Шостаковича

Адорно однажды сказал: «Достоинство музыкального языка Малера заключается в том, что он может быть понят и понимает сам себя, но уклоняется от руки, которая хочет ухватить то, что было понято» [Adorno 1992: 25]. Так же справедливы высказывания Адорно, касающиеся музыки Малера, и для творчества Шостаковича. В качестве представителя позитивной символизации отсутствия его музыка приводит в движение «символическое движение интерпретации». Она становится «чистым подобием “тайны”, требующей разъяснения» [Žižek 1989: 185; Жижек 1999: 19, 84], и мотивирует наши постоянные попытки определить, «что значит музыка». Однако Реальное постоянно сопротивляется этому стремлению к интерпретации, как музыка всегда будет сопротивляться нашим попыткам зафиксировать смысл. Вместо этого она может действовать как чистое пространство, на которое мы можем проецировать наши желания — «экран для отражения нарративов нашего воображения» [Žižek 1992: 135]. Шостакович, особенно искусный в создании таких черных экранов, был мастером написания музыки, способной отражать наши нарративы. Как пишет Тарускин, «его музыка была одновременно и неотразимым средством передачи информации, и tabula rasa, чистой доской, на которой все без исключения могли запечатлеть свои разнообразные послания при минимальном сопротивлении» [Taruskin 2001: 26]. Учитывая историю принятия слушателями, музыка Шостаковича способна выдерживать самые разнообразные идеологические интерпретации; ее «громкоголосость» и многоязычность позволяют отражать сразу несколько фантазмов за раз. Тарускин емко отмечает: «Пушки гремят независимо от того, в чьих они руках — царизма или Советов, поэтому, все, что Шостакович вложил в свою партитуру (то есть, в “саму музыку”) — это взрыв» [Ibid.: 30]. Таким образом, когда в музыке обнаруживается идеологическое прочтение, это происходит из-за ее способности служить экраном для таких фантастических проекций, а не потому, что в музыке заложена определенная идеология. С каждой новой политической идеологией можно найти нового Шостаковича. Это не значит, что музыка может выражать все, что мы хотим; разрывы, «взрыв», который описывал Тарускин, очень заметны в музыке, и их не следует игнорировать. Как отмечает Эко в отношении открытого текста, «вы не можете использовать текст так, как вам захочется, — только так, как этого хочет текст. Открытый текст <...> не может допускать какой бы то ни было интерпретации» [Эко 2004: 31–32]. Смысл заключен не только в произведении и не только в интерпретаторе; смысл, скорее, возникает во взаимодействии между музыкой, интерпретатором и контекстом. Моей целью было представить правдоподобные интерпретации этих произведений, отражающие как «саму музыку», так и фундаментальный опыт слушателя.

Эти разговоры не должны иметь превалирующего значения в отношении квартетов; никакая интерпретация не может составить полного представления о музыкальном произведении. Вместо этого в мои намерения входило представить сегмент «набора отдельных комплексов, вместе составляющих нечто большее» [Williams 1998: 288]. В конечном счете это «нечто большее» и есть та непостижимая сущность, возможно, «Реальное музыкального анализа», о которой мы можем лишь мельком судить посредством множества интерпретационных граней. Ведь именно с помощью музыки мы пытаемся заполнить брешь, образовавшуюся от лингвистического процесса символизации, именно с помощью музыки мы создаем единое целое, привнося в дискурс то, что невозможно внести в язык. Здесь я возвращаюсь к концепту, упомянутому в начале исследования, — способности музыки Шостаковича «свидетельствовать». Тогда я имела в виду то, что музыка Шостаковича демонстрирует трещины и разрывы в современной аналитической деятельности. Тем не менее, вероятно, это один из самых поверхностных способов воздействия музыки, поскольку, когда говорят о музыке Шостаковича, говорят, что она «свидетельствует» — чаще всего это делается в контексте свидетельств о жизни людей в Советской России [Taruskin 1997: 496]. Этот аргумент кажется неоспоримо верным, однако я утверждаю, что эта музыка выходит за рамки культуры, в которой была создана, так как она способна затрагивать наиболее фундаментальные проблемы современной жизни. С этой точки зрения музыка Шостаковича, маленькая частичка Реального, кажущаяся ненавязчивым украшением языка, говорит о крайней бессмысленности современной реальности и в то же время дает нам возможность сохранить чувство человечности посреди вселенской бессмыслицы.

Библиография

Адорно 2003 — Адорно Т. Негативная диалектика / пер. с нем. Е. Л. Петренко. М.: Научный мир, 2003.

Бахтин 1975 — Бахтин М. М. Вопросы литературы и эстетики. М.: Художественная литература, 1975.

Бахтин 1979 — Бахтин М. М. Эстетика словесного творчества. М.: Искусство, 1979.

Деррида 2000 — Деррида Ж. О грамматологии / пер. с фр. Н. Автономовой. М.: Ad Marginem, 2000.

Деррида 2006 — Деррида Ж. Призраки Маркса. Государство долга, работа скорби и новый интернационал / пер. с фр. Б. Скуратова. Под общей редакцией Д. Новикова. М.: Logos-altera, издательство «Ecce homo», 2006.

Деррида 2007 — Деррида Ж. Диссеминация / пер. с фр. Д. Ю. Кралечкина. Екатеринбург: У-Фактория, 2007.

Дигонская, Домбровская 2005 — Шостакович Д. Д. Неоконченный квартет для 2 скрипок, альта и виолончели / Д. Шостакович; вступ. ст. О. Дигонской и О. Домбровской. 1-е изд. Москва: DSCH, 2005.

Жижек 1999 — Жижек С. Возвышенный объект идеологии / пер. с англ. В. Софронова. М.: Художественный журнал, 1999.

Жижек 2014 — Жижек С. Щекотливый субъект. Отсутствующий центр политической онтологии. М.: Издательский дом «Дело» РАНХиГС, 2014.

Келдыш 1960 — Келдыш Ю. В. Автобиографический квартет // Советская музыка. 1960. № 12. С. 19–23.

Лебединский 1990 — Лебединский Л. Н. О некоторых музыкальных цитатах в произведениях Д. Шостаковича // Новый мир. 1990. № 3.

Фуко 1994 — Фуко М. Слова и вещи. Археология гуманитарного знания. СПб.: A-cad, 1994.

Шостакович 1993 — Письма к другу: Письма Д. Д. Шостаковича к И. Д. Гликману / Сост. и комментарии И. Д. Гликмана. М.: DSCH; СПб.: Композитор, 1993.

Эко 2004 — Эко У. Открытое произведение: Форма и неопределенность в современной поэтике. СПб.: Академический проект, 2004.

Adorno 1982 — Adorno T. W. On the Problem of Musical Analysis // Music Analysis / Trans. by M. Paddison. 1982. Vol. 1. № 2.

Adorno 1992a — Adorno T. W. Mahler: A Musical Physiognomy / Trans. by E. Jephcott. Chicago: University of Chicago Press, 1992.

Adorno 1992b — Adorno T. W. Quasi una Fantasia: Essays on Modern Music / Trans. by R. Livingston. New York: Verso, 1992.

Agawu 1991 — Agawu K. Playing with Signs: A Semiotic Interpretation of Classic Music. Princeton: Princeton University Press, 1991.

Attali 1999 — Attali J. Noise: The Political Economy of Music / Trans. by B. Massumi. Minneapolis: Minnesota University Press, 1999.

Bakhtin 2006 — Bakhtin M. Speech Genres and Other Late Essays / Ed. by C. Emerson, M. Holquist; trans. by V. W. McGee. Austin: University of Texas Press, 2006.

Bartlett 2000 — Bartlett R., ed. Shostakovich in Context. Oxford: Oxford University Press, 2000.

Brown 2004 — Brown M. H., ed. A Shostakovich Casebook. Bloomington: Indiana University Press, 2004.

Buhler 1996 — Buhler J. Breakthrough' as Critique of Form: The Finale in Mahler's First Symphony // 19th-Century Music. Vol. 20. № 2.

Bullivant, Webster 2001 — Bullivant R., Webster J. Coda // New Grove Dictionary of Music and Musicians / Ed. by L. Macy. URL: www. grovemusic. com (дата обращения: 28.09.2001).

Burnham 1995 — Burnham S. Beethoven Hero. Princeton: Princeton University Press, 1995.

Caplin 1998 — Caplin W. E. Classical Form: A Theory of Formal Functions for the Instrumental Music of Haydn, Mozart and Beethoven. New York: Oxford University Press, 1998.

Castro 2005 — Castro D. Sonata Form in the Music of Dmitri Shostakovich. Ph.D. diss. University of Oregon, 2005.

Chua 1999 — Chua D. K. L. Absolute Music and the Construction of Meaning. Cambridge: Cambridge University Press, 1999.

Culler 1982 — Culler J. On Deconstruction: Theory and Criticism after Structuralism. Ithaca: Cornell University Press, 1982.

Cumming 1997 — Cumming N. The Horrors of Identification: Reich's Different Trains // Perspectives of New Music. Vol. 35. № 1. 1997.

Dentith 1995 — Dentith S. Bakhtinian Thought: An Introductory Reader. New York: Routledge, 1995.

Derrida 1972 — Derrida J. Signature-Event-Context // Margins of Philosophy / Trans. by A. Bass. Chicago: University of Chicago Press, 1972.

Derrida 1984 — Derrida J. Of an Apocalyptic Tone Recently Adopted in Philosophy // The Oxford Literary Review / Trans. by J. P. Leavey, Jr. Vol. 6. № 2. 1984.

Derrida 1995 — Derrida J. On the Name / Trans. by I. McLeod. Stanford: Stanford University Press, 1995.

Eagleton 1996 — Eagleton T. Literary Theory: An Introduction. 2nd ed. Minneapolis: The University of Minnesota Press, 1996.

Eco 1979 — Eco U. The Role of the Reader: Explorations in the Semiotics of Texts. Bloomington: Indiana University Press, 1979.

Eisler 2000 — Eisler E. Shostakovich Live: Emerson Records the Complete Quartets in Concert // Strings. February–March 2000.

Elleström 1996 — Elleström L. Some Notes on Irony in the Visual Arts and Music: The Examples of Magritte and Shostakovich // Word & Image. 1996. Vol. 12. № 2.

Epstein 1999 — Epstein P. Notes to the Emerson String Quartet recording *Dmitri Shostakovich: The String Quartets*. Deutsche Grammophon, 1999.

Fairclough 2006 — Fairclough P. A Soviet Credo: Shostakovich 's Fourth Symphony. Aldershot: Ashgate, 2006.

Fanning 1988 — Fanning D. The Breath of the Symphonist: Shostakovich's Tenth. London: Royal Musical Association, 1988.

Fanning 1995 — Fanning D., ed. Leitmotif in Lady MacBeth // Shostakovich Studies / Ed. by D. Fanning. Cambridge: Cambridge University Press, 1995.

Fanning 2001 — Fanning D. Dmitri Shostakovich // New Grove Dictionary of Music and Musicians / Ed. by L. Macy. URL: www.grovemusic.com (дата обращения: 25.11.2001).

Fanning 2004 — Shostakovich: String Quartet No. 8. Aldershot: Ashgate, 2004.

Fay 2000 — Fay L. Shostakovich: A Life. Oxford: Oxford University Press, 2000.

Fay 2004a — Fay L., ed. Shostakovich and His World. Princeton: Princeton University Press, 2004.

Fay 2004b — Fay L. Shostakovich versus Volkov: Whose Testimony? // A Shostakovich Casebook / Ed. by M. H. Brown. Bloomington: Indiana University Press, 2004. P. 11–21.

Fay 2004c — Fay L. Volkov's Testimony reconsidered // A Shostakovich Casebook / Ed. by M. H. Brown. Bloomington: Indiana University Press, 2004. P. 22–66.

Fink 1995 — Fink B. The Lacanian Subject: Between Language and Jouissance. Princeton: Princeton University Press, 1995.

Glyde 2002 — Glyde J. From Oppression to Expression: Interpreting the String Quartets of Dmitri Shostakovich // Strings. 2002. Vol. 27. № 3:105.

Goodwin 1988 — Goodwin S. W. Kitsch and Culture: The Dance of Death in the NineteenthCentury Literature and Graphic Arts. New York: Garland, 1988.

Graybill 2005 — Graybill R. Formal and Expressive Intensification in Shostakovich's String Quartet No. 8, Second Movement // Engaging Music: Essays in Music Analysis / Ed. by D. Stein. New York: Oxford University Press, 2005.

Green 1979 — Green D. M. Form in Tonal Music: An Introduction to Analysis. 2nd ed. New York: Holt, Rinehart and Winston, 1979.

Griffiths 1983 — Griffiths P. The String Quartet. Bath: The Pitman Press, 1983.

Grönke 2002 — Grönke K. Komponieren in Geschichte und Gegenwart: Analytische Aspekte der ersten acht Streichquartette von Dmitri Schostakowitsch // Schostakowitschs Streichquartette: Ein internationales Symposium / Ed. by Andreas Whermeyer. Berlin: Ernst Kuhn, 2002.

Grönke 2006 — Grönke K. Zurn Verfahren der harmonischen Keimzelle in den Streichquartetten VI bis VII von Dmitrij Šostakovič und ihrer Relevanz für Harmonik, Melodik, Thematik und kompositorische Großform // Der Komponist als Erzähler: Narrtivität in Dmitri Schostakowitschs Instrumentalmusik. Paper read at the international symposium. Hanover, Germany, 24–26 November 2006.

Halm 1986 — Halm A. On Fugal Form, Its Nature, and Its Relation to Sonata Form // Musical Aesthetics: A Historical Reader. Vol. III. The Twentieth Century / Ed. by E. A. Lippman. Stuyvesant: Pendragon Press, 1986.

Hatten 1994 — Hatten R. Musical Meaning in Beethoven: Markedness, Correlation and Interpretation. Bloomington: Indiana University Press, 1994.

Hatten 2004 — Hatten R. Interpreting Musical Gestures, Topics and Tropes: Mozart, Beethoven and Schubert. Bloomington: Indiana University Press, 2004.

Hepokoski 2002 — Hepokoski J. Beyond the Sonata Principle // Journal of the American Musicological Society. 2002. Vol. 35. № 1.

Hepokoski, Darcy 2006 — Hepokoski J., Darcy W. Elements of Sonata Theory: Norms, Types, and Deformations in the Late-Eighteenth-Century Sonata. New York: Oxford University Press, 2006.

Hibberd 2005 — Hibberd K. P. G. Shostakovich and Bakhtin: A Critical Investigation of the Late Works (1974–1975). Ph.D. diss. Goldsmiths College, University of London, 2005.

Ho 1998 — Ho A. B., Feofanov D., eds. Shostakovich Reconsidered. London: Toccata Press, 1998.

Hopkins 1988 — Hopkins R. When a Coda is More than a Coda: Reflections on Beethoven // Explorations in Music, the Arts, and Ideas: Essays in Honor of Leonard B. Meyer / Ed. by E. Narmour, R. A. Solie. Stuyvesant: Pendragon Press, 1988.

Horowitz 1997 — Horowitz G. Art History and Autonomy // The Semblance of Subjectivity: Essays in Adorno s Aesthetic Theory / Ed. by T. Huhn, L. Zuidervaart. Cambridge: MIT Press, 1997. P. 259–285.

Hudson 1970 — Hudson R. Further Remarks on the Passacaglia and Ciaccona // Journal of the American Musicological Society. 1970. Vol. 23. [ответ на [Walker 1968]]

Hudson 2001 — Hudson R. Ground // New Grove Dictionary of Music and Musicians / Ed. by L. Macy. 2001. URL: www.grovemusic.com (дата обращения: 20.03.2002).

Ivashkin 1995 — Ivashkin A. Shostakovich and Schnittke: the erosion of symphonic syntax // Shostakovich Studies / Ed. by D. Fanning. London: Toccata Press, 1995.

Jackson 1998 — Jackson T. L. Dimitry Shostakovich: The Composer as Jew // Shostakovich Reconsidered / Ed. by A. B. Ho, D. Feofanov. London: Toccata Press, 1998.

Jameson 1999 — Jameson F. Foreword // Attali J. Noise: The Political Economy of Music. Minneapolis: Minnesota University Press, 1999.

Kerman 1982 — Kerman J. Notes on Beethoven's Codas // Beethoven Studies 3 / Ed. by A. Tyson. New York: Cambridge University Press, 1982.

Kermode 1967 — Kermode F. The Sense of an Ending: Studies in the Theory of Fiction. New York: Oxford University Press, 1967.

Kholopov 1995 — Kholopov Y. Form in Shostakovich's Instrumental Works // Shostakovich Studies / Ed. by D. Fanning. Cambridge: Cambridge University Press, 1995. P. 57–75.

Klein 2004 — Klein M. Chopin's Fourth Ballade as Musical Narrative // Music Theory Spectrum. Spring 2004. Vol. 26. № 1.

Klein 2005 — Klein M. Intertextuality in Western Art Music. Bloomington: Indiana University Press, 2005.

Kramer 1990 — Kramer L. Music and Cultural Practice: 1800–1900. Berkeley: University of California Press, 1990.

Kramer 1995 — Kramer L. Classical Music and Postmodern Knowledge. Berkeley: University of California Press, 1995.

Kramer 2001 — Kramer L. Musical Meaning: Toward a Critical History. Berkeley: University of California Press, 2001.

Kramer 2006 — Kramer L. Speaking Melody, Melodic Speech // Critical Musicology and the Responsibility of Response: Selected Essays. Aldershot: Ashgate, 2006.

Kripke 1980 — Kripke S. Naming and Necessity. Cambridge: Harvard University Press, 1980.

Kristeva 1970 — Kristeva J. From Symbol to Sign (1970) // The Kristeva Reader / Trans. S. Hand. New York: Columbia University Press, 1986.

Kristeva 1986 — Kristeva J. The True-Real (1979) // The Kristeva Reader / Trans. S. Hand. New York: Columbia University Press, 1986.

Kuhn 2005 — Kuhn J. Shostakovich in Dialogue: Form and Imagery in the First Six Quartets. Ph.D. diss. University of Manchester, 2005.

Kuhn 2010 — Kuhn J. Shostakovich in Dialogue: Form, Imagery and Ideas in Quartets 1–7. Aldershot: Ashgate, 2010.

Lacan 1977 — Lacan J. Écrits: A Selection / Trans. by A. Sheridan. New York: W. W. Norton and Co. 1977.

Lacan 1999 — Lacan J. On Feminine Sexuality, the Limits of Love and Knowledge: The Seminar of Jacques Lacan, Book XX (Encore) / Ed. by J.-A. Miller, trans. by B. Fink. New York: W. W. Norton & Company, 1999.

Langer 1953 — Langer S. Form and Feeling: A Theory of Art. New York: Scribner, 1953.

Littlefield 1996 — Littlefield R. The Silence of the Frames // Music Theory Online. 1996. Vol. 2. № 1. URL: www.societymusictheory.org/mto/mto96.2.1.littlefield.html (дата обращения: 12.03.2003).

Longman 1989 — Longman R. M. Expression and Structure: Processes of Integration in the Large-scale Instrumental Music of Dmitri Shostakovich. 2 vols. London: Garland Publishing Inc., 1989.

Lyotard 1984 — Lyotard J.-F. The Différend, the Referent, and the Proper Name // Diacritics / Trans. by G. Van den Abbeele. Fall 1984.

MacDonald 1990 — MacDonald I. The New Shostakovich. Boston: Northeastern University Press, 1990.

Mason 1962 — Mason C. Form in Shostakovich's Quartets // The Musical Times. 1962. Vol. 103.

McCreless 1995 — McCreless P. The Cycle of Structure and the Cycle of Meaning in the Piano Trio in E minor, Op. 67 // Shostakovich Studies / Ed. by D. Fanning. Cambridge: Cambridge University Press, 1995.

McCreless 2000 — McCreless P. Music Theory and Historical Awareness // Music Theory Online. 2000. Vol. 6. № 3. URL: http://mto.societymusictheory.org/issues/mto.00.6.3/mto.00.6.3.mccreless.html (дата обращения: 5.07.2007).

McCreless 2009 — McCreless P. The String Quartets of Dmitri Shostakovich // Intimate Voices: Aspects of Construction and Character in the Twentieth-Century String Quartet / Ed. by E. Jones. Rochester: University of Rochester Press, 2009.

Metzer 2003 — Metzer D. Quotation and Cultural Meaning in Twentieth-Century Music. New York: Cambridge University Press, 2003.

O'Loughlin 1974 — O'Loughlin N. Shostakovich's String Quartets // The Musical Times. 1974. Vol. 115. № 1579.

Pynchon 1999 — Pynchon T. Vineland. Boston: Little, Brown and Company, 1999.

Reynolds 2003 — Reynolds C. Motives for Allusion: Context and Content in NineteenthCentury Music. Cambridge: Harvard University Press, 2003.

Roseberry 1989 — Roseberry E. Ideology, Style, Content, and Thematic Process in the Symphonies, Cello Concertos, and String Quartets of Shostakovich. London: Garland Publishing, Inc., 1989.

Rosen 1988 — Rosen C. Sonata Forms, rev. edn. New York: Norton, 1988.

Samuels 1995 — Samuels R. Mahler s Sixth Symphony: A Study in Musical Semiotics. Cambridge: Cambridge University Press, 1995.

Sheinberg 2000 — Sheinberg E. Irony, Satire, Parody and the Grotesque in the Music of Shostakovich: A Theory of Musical Incongruities. Aldershot: Ashgate, 2000.

Shepherd, Wicke 1997 — Shepherd J., Wicke P. Music and Cultural Theory. Cambridge: Polity Press, 1997.

Solie 1980 — Solie R. The Living Work: Organicism and Musical Analysis // 19th-Century Music. 1980. Vol. 4. № 2.

Talbot 2001 — Talbot M. The Finale in Western Instrumental Music. Oxford: Oxford University Press, 2001.

Taruskin 1997 — Taruskin R. Defining Russia Musically: Historical and Hermeneutical Essays. Princeton: Princeton University Press, 1997.

Taruskin 2001 — Taruskin R. Double Trouble // The New Republic. 2001. Vol. 125. № 26.

Van den Toorn 1987 — Van den Toorn P. C. Stravinsky and The Rite of Spring: The Beginning of a Musical Language. Berkeley: University of California Press, 1987.

Volkov 1979 — Volkov S. Testimony: The Memoirs of Dmitri Shostakovich as told to Solomon Volkov / Trans. by A. Bouis. New York: Harper and Row, 1979.

Walker 1968 — Walker T. Ciaccona and Passacaglia: Remarks on their Origin and Early History // Journal of the American Musicological Society. 1968. Vol. 21.

Webster 2001 — Webster J. Sonata Form // New Grove Dictionary of Music and Musicians / Ed. by L. Macy. 2001. URL: www.grovemusic.com (дата обращения: 28.09.2001).

Wehrmeyer 2002 — Wehrmeyer A., ed. Schostakowitschs Streichquartette: Ein internationales Symposium. Berlin: Ernst Kuhn, 2002.

Williams 1998 — Williams A. Torn Halves: Structure and Subjectivity in Analysis // Music Analysis. 1998. Vol. 18. № 3.

Wilson 2006 — Wilson E. Shostakovich: A Life Remembered. 2nd ed. Princeton: Princeton University Press, 2006.

Žižek 1992 — Žižek S. Looking Awry: An Introduction to Jacques Lacan through Popular Culture. Cambridge: MIT Press, 1992.

Žižek 1997 — Žižek S. The Plague of Fantasies. New York: Verso, 1997.

Žižek 2001 — Žižek S. Did Someone Say Totalitarianism? New York: Verso, 2001.

Указатель

Оглавление

Научное издание

Сара Райхардт

СОЧИНЯЯ СУБЪЕКТ СОВРЕМЕННОСТИ

Четыре струнных квартета Дмитрия Шостаковича

Директор издательства *И. В. Немировский*
Ответственный редактор *О. Немира*
Куратор серии *Р. Борисова*
Заведующая редакцией *И. Емельянова*

Дизайн *И. Граве*
Редактор *А. Максаева*
Корректоры *А. Филимонова, А. Хижун*
Верстка *Е. Падалки*

Подписано в печать 27.10.2025.
Формат издания 60 × 90 $^{1}/_{16}$. Усл. печ. л. 12,6.
Тираж 200 экз.

Academic Studies Press
1577 Beacon Street, Brookline, MA 02446 USA
https://www.academicstudiespress.com

ООО «Библиороссика».
198207, г. Санкт-Петербург, а/я № 8

Книги издательства можно купить
в интернет-магазине: www.bibliorossicapress.com
e-mail: sales@bibliorossicapress.ru

Знак информационной продукции согласно
Федеральному закону от 29.12.2010 № 436-ФЗ

www.ingramcontent.com/pod-product-compliance
Lightning Source LLC
LaVergne TN
LVHW011656100826
845155LV00004B/12
* 9 7 9 8 8 9 7 8 3 8 2 9 5 *